我到访过的外国农家

The Farms I Visited Around The World

韩长赋 著

中国农业出版社
北 京

写在前面的话

　　我一辈子与农业结缘，对农业怀有特殊的情感，总觉得农业不仅有田土山河、风雨四季、生命奇迹，而且有人文故事、情感温度、历史积淀。因此一有时间和机会，我就想到基层、到农村去跑一跑，实地了解各个地方不同的自然条件、种植传统、民风习俗……

　　"纸上得来终觉浅，绝知此事要躬行。"尤其是搞农业农村工作，更是要在"行万里路"中寻找答案。这么多年工作中，全国的地市我到过90%以上，县市区旗我到过一大半，总觉得实地去看看，心里才有数。到国外访问，尽管时间有限，我也见缝插针、顺道拐弯去看看农场和农家。

　　我在农业部长任上整整十一年，访问过几十个国家。到访农家，有的是事先计划好的，也有些是临时起意的。不管何种情形，我都争取到村寨农家、田头圈舍看一看、问一问。有时似觉得访问中的我，既是一个来自东方大国的农业部长，也像是一个做田野调查的访问学者。这些访问交流带给我大量信息，引发我多样思考。一个个异域故事深深印在我的脑海中，也让我有了特别的机会和视角，来感知思考全球背景下的农业农村农民问题。

　　这些年里，我看到了多姿多彩的各国农业。农业的基本功用首先是为了满足温饱，这一点，古今中外并没有什么不同。中国是世界上最早进入农耕文明的国度之一。早在七千年前，河姆渡先民就发明了人工栽培稻谷；在三千年前的殷商甲骨文里，就出现了稻、菽、黍、稷等的文字记载。翻阅记载我国古代经济活动的《食货志》，讲述的主要内容都是农业。一部五千年中华文明史，处处都镌刻着农耕文明的印记。但正所谓一方水土养一方人，当今世界农业仍然是千姿百态、千差万别的。为了温饱，大自然如何馈赠、人类怎样创造，什么样的动植物可种可养，如何获得最好的农业收成效益，在世界各国有很大的不同。这样的访问，使我看到了书写在五洲大地上的、生动鲜活的世界农业百科全书。

　　我看到了同样辛勤劳作但生活差异极大的各国农民。有农业就有农业生产者，有的地方叫农民，有的地方叫农场主，有的地方叫农业工人。不管称谓如何，他们都是与自然最接近的群体，有着勤劳朴实的共同特点，是一个地区、一个国家最厚实的根基。但毫无疑问，不同地方农民的生产方式、生活水准、前途命运有着巨大的差别。古代中国有"士农工商"的说法，农民地位不低；当今世界，农业农民在各国政治经济事务中，仍然占据重要的地位。了解一个国家，不能不了解其农业，而要真正了解其农业，又不能不了解其农民。我每访问完一个农庄、一家农户，会觉得对这个国家、这个民族有了更具体的感知。

我看到了各国农业背后的人文地理、历史传承、国际交流。农业是历史最好的传承者，一个民族的智慧、特性在农业上有着清晰的体现。我总认为，农耕文明是中华文明的根。中华文明与世界文明的交流互通也是从农业开始的。伴随着丝绸之路和茶马古道的驼铃声声、马蹄阵阵，中国的茶叶、丝绸、瓷器承载着东方文明走向世界；原产于我国的水稻、大豆等粮食作物，更是古老中国馈赠给全人类的珍贵礼物。而同时，两汉两晋时期，"胡"系列作物胡椒、胡麻、胡萝卜等从西域传入中原；元明以后，番茄、番薯、番木瓜等"番"系列作物随外国船只进入中国；清代乃至近代，引入"洋"系列的洋葱、洋芋、洋白菜。特别是玉米、薯类等高产作物的广泛种植，为中国实现人口从1亿到3亿的跨越作出了重要贡献。农业在生动具体地诠释人类命运共同体。走在各国的农场、牧场中，坐在农户家中，我除了感受外国农民朋友对我这个远道而来的中国客人的热情，也会特别留意物种、农具、劳作方式、生活方式的差异、演变、传播。通过农业把世界串联起来，观察思考中能偶有所得，也是很高兴的事。

　　看了很多国家，访了很多农民，有三点体会我越看越访，就越坚定越鲜明：

　　一是任何国家任何时候都必须高度重视"三农"。"三农"问题不是其本身的问题，而是关乎经济基础、执政基础的根本性问题。从全球GDP最高的美国保护农民种植大豆和玉米的积极性，到高度城市化的新加坡利用寸土寸金的土地搞蔬菜立体种植，这些国家再发达也还在关注农业；而反观一些国家经济崩溃、政局不稳、社会动荡，很多也是由农业这个最基本的民生问题、农民这个最广大的民意基础引发和加剧的。因此，高度重视"三农"问题，夯实农业基础，保障国民吃饭，对世界任何执政集团来说都是明智之选，而对中国共产党人来说，更是应有之义、应尽之责。所以，习近平总书记一直从执政兴国的高度、从历史发展的维度强调，"三农"问题是全党工作重中之重，粮食安全是一个永恒的课题。

二是农业和农村一定要以现代化为目标。现代化是不可抗拒的潮流，也是农业农村发展的方向。无论是以色列的精准滴灌设施，还是瑞典的利乐包装；无论是法国、德国的农民合作社办工厂，还是日本、韩国的小农户衔接大市场：世界上已经有很多国家，特别是西方国家实现了农业农村现代化。各个国家都有各自的特色和优势，尤其是在农业的科技应用、社会化服务、农民的组织化程度等方面，都有很多值得我们借鉴的经验。农业农村现代化也是我们新时代"三农"工作的总目标。2020年，我们将要实现现代化的阶段性目标，完成脱贫攻坚、全面小康的历史性任务，下一阶段将开启全面建设社会主义现代化国家新征程。在这一过程中，我们要善于学习国际先进经验和理念，来推动我们国家的农业全面升级、农村全面进步、农民全面发展。

三是中国的农业农村发展一定要符合中国的国情，走中国特色道路。国外好的技术、好的经验、好的理念我们要借鉴，但不能完全照搬，也不能照搬城市的、工业的，最重要的还是要从国情出发、从实际出发。比如美国、加拿大是大农场农业，靠规模、靠装备、靠专业化的第三方服务，这一点我们应当借鉴，但我们人多地少，有两亿多小农户，我们更多地还要考虑怎么使小农户与现代农业有效衔接。再比如，爱尔兰检疫执法与兽医队伍两分开，执业兽医由政府颁发执照、市场自由选择，这是值得我们学习的，但同时也要考虑，我们一家一户的小规模生产承担不起聘请执业兽医的成本，还必须设立公益性兽医岗位，去为数量众多的小农户服务。总之，我们既要学习国外先进成果，更要创造性地汲取与中国实际相符合的经验。

　　就这样访问交流、观察思考，时间长了就产生一种强烈的责任感，觉得要把这些都记录下来，分享呈现给更多的人，于是就想到了要写这样一本书。

　　不过，介绍世界农业的书很多，网上也可以随时找到相关资料，所以这本书一定要有其独特之处。这就是，以中国农业部长的视角，来讲述对其他国家农业农村的观感，以及对我国"三农"发展的思考。

　　我想，我来撰写这样一本书还是很合适的。一来，农业农村部的职能决定，我出国考察的主题大多围绕"三农"问题，对方的安排也都尽可能考虑我的关切。二来，我担任农业部长十年有余，之前还当过三年副部长，这让我能有机会去观察更多样本，有条件在不同国家地区、不同发展水平、不同经济结构和文化风俗的背景下去观察和分析"三农"情况，形成一定的积累。这一点，别的人大概很难有这样的条件。再者，我多年的调研习惯是从细处着眼、以小见大，在国内调研也有进村入户上田头的习惯。国外出访时，和当地农民坐在一起拉拉家常，走进村头小卖部看看消费水平，这也让我对各国普通农民的生产生活了解得更具体、更真实。

这本书的叙述方式主要是"讲故事"。用第一人称讲述世界各国特色鲜明的农业、风情各异的农村和勤劳达观的农民，配以到访时的现场照片，以图引文，以文释图，让读者觉得轻松一点、有趣一点；同时我也希望，在掩卷之余读者还能有所感悟、有所思考。真诚期待有更多人关心农业，关注农村，关爱农民。

下面，就听我一一道来吧……

2020年8月

Preface

I have been engaged in agriculture for almost 5 decades, as a farmer, a village Party secretary, and a Minister for agriculture and rural affairs. My whole life is here. I feel special about it.

I visited almost a hundred rural families in scores of countries during the 11 years as a minister. As I chatted, observed and reflected alongside, time and time again a strong sense of duty sprang up, seizing me to write down what I saw and thought to share with more.

I saw a diverse world of farming sectors. Their existence is a living agricultural encyclopedia that spreads out on the land of five continents just as Chinese farming culture thrives on the Chinese territory.

I saw equally hard working but distinctly different producers in lifestyle who are more often called "farm owners". They are the people closest to the nature and share many honorable characters with Chinese farmers such as diligence and honesty.

And I also saw pieces of culture, geography, history, heritage and exchanges behind the scenes of farming. Agriculture is the best inheritor of what was passed on from ancient times, and has witnessed the earliest exchanges between ancient Chinese civilization and the outside world.

My experiences and thinking from these visits have made it more clear to me that all countries shall always prioritize agriculture-related issues, agricultural and rural development shall aim at modernization, and China must follow a path of its own characteristics in agricultural and rural development.

Through the lens of a Minister for agriculture and rural affairs of China, this narrative tells stories about my visits and perceptions of farming households that live in variant levels of development and by different ways of life and production in five continents, which can be revealed in the Table of Contents.

What I saw and learnt along the way has provoked my further thinking on the development of agriculture and rural areas in China. It is thus my keen hope that the book can be a window on the world for Chinese readers, especially college students who long for agriculture-related careers, and the key for them to probe even when this book is closed.

Han Changfu
August 2020

目　　录

西欧家庭农场

西欧地势平坦、土壤肥沃，气候温和、降雨充沛，被认为是世界上最适宜农作物种植的区域之一。西欧农业历史悠久，大多数国家都曾以农业立国。尽管最先进入现代工业社会，但西欧的农业并没有被削弱，而是以家庭农场的形式代代传承，并引以为豪。

德国：庄园主为自己的葡萄及酿酒工艺骄傲

德国人喜欢喝啤酒举世皆知，但很多人不知道，德国特别是葡萄酒产区人们对葡萄酒的热爱也毫不逊色。本国的葡萄酒产量远远不能满足德国人的需求，年年都要大量进口，贸易额也逐年提升。

2014年10月，在德国农业部部长施密特的陪同下，我前往海德堡参观了一座很有特色的葡萄庄园，当地人轻松快乐的生活状态和葡萄酒文化给我留下了很深的印象。

庄园主名叫沃尔夫冈，他十分热情地带我参观了他的葡萄园。葡萄园建在一片山坡上，很大，葡萄都是一样的高度、一样的间距，整整齐齐地排列着，很有气势。

德国种植葡萄的自然环境其实并不具备多大优势，纬度过高，酿酒葡萄正常成熟热量不足，所以德国葡萄园一般建在向阳的山坡上，有些坡度达到60度左右。

禀赋不足，科技来补。德国人在品种、技术、机械上一直没有停下探索的脚步，也研发出一些独特的品种和创新的技术，著名的葡萄品种"雷司令"就来自德国。"雷司令"被认为是"世界上最好的白葡萄"，酿出的白葡萄酒层次十分丰富。后来"雷司令"传入中国，在我国胶东一带种植生产，对我们的葡萄酒产业影响很深。

站在葡萄庄园往下看，山下就是河谷，当地人告诉我，那是莱茵河的支流内卡河。河谷里种着大片大片的葡萄，像地毯一样覆盖着内卡河两岸；两侧绵延数公里的山岭上也全都种满了葡萄，绿意盈盈，蔚为壮观。

看完葡萄园，我又参观了附近的酿酒厂。酿酒厂是一家合作社运营的，合作社成员家家都种葡萄，种出来的葡萄由合作社统一收购，统一酿制，统一出售。

酿酒厂规模不大，几个巨大的金属桶十分醒目。负责人告诉我，地区学校有完善的实验条件，为他们免费提供技术及酿造设备，可以实验研发特定风格的葡萄酒产品，也可以规避产区缺陷，将优势品种的特性发挥出来。

参观时，负责人请我们品尝葡萄酒，还给我们灌装了几瓶酒。他们的酒标很有意思，现场给我们拍照，现场打印成标签贴在瓶子上面。这样一些趣味营销手段一定能吸引更多人购买吧。

那天参观结束后，我们的晚餐就是在庄园里吃的。吃饭的地方对着内卡河，正是傍晚时分，夕阳的霞光静静地沉下来，笼罩了整个山谷，漫山遍野的葡萄树都染上了金色，美不胜收。所谓"山色横侵蘸晕霞，湘川风静吐寒花"，大概就是这样的意境吧。

夕阳晚照，余晖洒满葡萄园

吃饭时，市长还特意邀请了海德堡市的"葡萄酒皇后"，来给我们讲解当地葡萄酒的历史与文化。据说每年仲夏一过，德国葡萄酒产区的人们就会欢欢喜喜地筹办这一年的葡萄酒节，选出新的

"葡萄酒公主""葡萄酒皇后"——相当于文化推广大使，她们对葡萄酒文化都能如数家珍。

德国的周末等节假日，商店一般不营业。一入夜，人们就三五成群地和家人朋友一起来到小广场、路边的小酒馆、海边临时搭的篷子里喝酒唱歌，有的喝啤酒，有的喝葡萄酒。走在街上，连空气中都飘浮着淡淡的酒香，流淌着快乐的歌声。

这就是德国人的文化，关于酒的文化。德国酒文化不光有品酒的文化，更让我印象深刻的是制酒的文化。我想起另外一次访问德国的经历。

那次，漫步在莱茵河畔，看着河边小镇上开着一家家葡萄酒庄，我随机走进一家小店跟店主聊天，问他家里有什么人、种了多少葡萄、葡萄酒好不好卖等。

店主告诉我，店里的酒来自他自己家的酒庄。酒庄在后面的山上，有上百公顷葡萄，还有自己的酿酒厂，酿好的酒就拿到小镇上卖，有点像我们"前店后厂"的模式。

就像每一个醉心于手艺的匠人一样，店主一脸自豪地谈论着自己的酿酒技术。他兴致勃勃地给我们介绍店里的酒，来自不同年份口味有什么差别，产自不同葡萄品种风味有什么不同。酒都不贵，最好的也就一二十欧元。

那天我们聊了很久，相谈甚欢。临走时，陪同我的德方人员问店主，你知道跟你聊天的是谁吗？店主一脸茫然。德方人员介绍说，这位是中国的农业部部长。

一听说是来自中国的客人，店主更热情了，一定要送一瓶酒给我。然后马上拿出一瓶葡萄酒，当场要给我刻字，问我希望刻什么。我想了一下说，那就请你把我女儿的名字刻上吧，我女儿很喜欢葡萄酒。店主刻好了名字，又刻了一些祝福的话，把酒送给我。

我很珍惜地接过酒，向他表达了谢意，并对他说，我们跟你聊了半天，耽误你做生意了，我再买你一瓶酒吧，请你帮我推荐一下。店主很高兴，又帮我挑了一瓶酒。后来，我把这两瓶酒带回国内，带回了家，把德国葡萄酒庄主的故事讲给我女儿听。

小镇上的店主为自家酿的葡萄酒而骄傲

　　那次参观我有个最大的感触，就是德国农民对葡萄酒生产的热爱。他们在种葡萄、酿酒、卖酒的过程中倾注了情感、融入了温度。他们不仅把它当作生计，而且当成美好的生活。

　　人是有主观意识的，如果仅仅把干活当作生计，不得不去做，就会觉得苦觉得累，甚至会对庄稼没好气，对农具没好气，对周围的人和事也没好气；但是，如果把生产过程当成一种生活，看庄稼生长就会很感恩，劳动也会变得快乐，即使扶着"弯钩犁"也不会觉得那么累。

　　当然，这一切都是建立在温饱满足的基础上。而当物质需求解决了，文化就显出它的必要性来，要让农民对自己所从事的劳动充满热爱，充满自豪感，这就是文化所要解决的问题了。

在德国，我们既能感受到人们品酒的快乐，也分享了农民酿酒、卖酒的荣耀，这样的酒文化是完整的，也是有生命力的。

2014年10月那次访问德国，我是去参加第三轮中德政府磋商的。两国总理以及双方26位部长参加了那次政府磋商，在这期间还发生了一件让我难忘的事情。

10月10日上午，在两国政府磋商开始前，先进行部门对口磋商。我应施密特部长的邀请，来到德国农业部大楼。施密特带着几个工作人员在楼下等着我，一见面就热情地握着我的手，拉着我上楼。

没有想到的是，刚上到二楼，就听见"生日快乐"的旋律响起。我一看是一个小型乐团，乐手们身着正装、身姿笔挺，正在奏乐。

这时，施密特拿出两瓶葡萄酒对我说："今天是你的生日，让我们一起为你祝福，因后边还有公务，现在不能喝酒，请把这份祝福带回去。"现场的人都跟着音乐唱起歌，鼓起掌来。这一幕让我很意外，那天正好是我六十岁的生日，公务在身没顾得上过生日，但是他们的友好还是让我十分感动。

现在回想起来，那个生日见证了中德两国的合作与友谊，还是很有意义的。

法国：著名的法棍和葡萄酒分别源自优质小麦和葡萄

说起法国美食，就不能不提葡萄酒和面包。法国波尔多地区被认为是"得到了上帝的眷顾"，出产的葡萄酒历史悠久、名扬四海；同样，面包也是公认的法国经典美食。

法式面包种类繁多，有笛子面包、麸皮面包、黑麦面包、巴塔花式面包、面包心等。在颜色上有白面包、黑面包之分，在形状上有长棍形、圆形、羊角形的区别，而口感上也有软硬之别。其中最受法国人喜爱的面包有两种。一种是法棍，外壳焦脆、内里绵软，保留着浓郁质朴的小麦味道。法棍也是他们最常见的主食。走在法国街上，经常能看到下班回家的人们，腋下夹着刚出炉的法棍匆匆走过，也是街头一景。还有一种是羊角面包，因为形状像羊角而得名，表层烤得微酥，散发着黄油香气。

好的食物一定是来源于好的食材。葡萄酒有"七分葡萄三分酿"之说，面包也一样，法国面包享誉全球也是因为有世界一流的优质小麦。

我访问法国时正值6月，临近收获的时节，金灿灿的麦子已近成熟。那次访问，主要任务是参加G20农业部长会议，记得那次会议的主题是讨论交流全球粮食安全问题。会后，我专程到巴黎郊区看他们的小麦，考察他们的小麦品种和种植技术。站在一马平川的原野上望去，天是高远的，云是静谧的，而近处的麦浪，则沉甸甸地不停翻涌着，洋溢着生命的张力。

小麦是法国的主要农作物，种植面积占了粮食作物的一半左右。除了供应本国，法国也是世界第四大小麦出口国和最大的面粉出口国。

法国面包广受欢迎，是因为有世界一流的优质小麦

　　法国小麦的高品质源自优良的品种。法国以品质育种为方向，而非产量育种，所以他们最好的品种不一定是产量最高的，但一定是口感最好的、品质最高的。比如，蛋白质是小麦品质一项很重要的指标。一般来讲，蛋白质含量高的小麦适合加工面包，含量低的适合加工饼干和糕点，且蛋白质含量越高、质量越好，制粉和烘焙的表现就越好，加工出来的面包体积就越大，做出的面包自然也就格外好。法国小麦是典型的蛋白质"质量型"品种，而且是瞄着做面包的需求而专门培育的品种，品种蛋白质高、质量好。相比较而言，尽管我国一些强筋小麦品种的蛋白质含量并不低，甚至高于进口小麦，但烘焙品质却赶不上进口小麦，究其原因还是与蛋白质的质量不高有关。

　　法国小麦虽然品种好，但同样的种子拿到别的国家未必种得出来，还有一个重要的原因就是得天独厚的自然条件。法国小麦主产区位于塞纳河流域，纬度与我们黑龙江差不多，但受大西洋暖流影响，温暖湿润，属典型的温带海洋性气候，小麦生育期可长达300

天，比我国的小麦主产区黄淮海平原要多出70天左右，不但积累了更多营养和风味物质，而且产量还高，平均亩产超过500公斤。

相比之下，我们国家小麦产区的资源条件大不如法国。同纬度地区气候寒冷，不适宜种小麦；在低纬度的主产区里，小麦生育期也远短于法国，而且每年都有不同程度的干旱、洪涝、高温、霜冻等灾害发生，给小麦生产带来一定损失，全国平均亩产只有380多公斤。

除了小麦本身的因素，原料生产的标准化程度高也是一个重要方面。法国拥有完善的粮食收储系统，仓容量高于一年的收获量，使得小麦能够按质量等级分级分贮，从而为食品企业提供质量和加工特性一致的原料。

这在我国还有一定的差距。这些年，我国选育了一批质量过硬的优质品种，品质可以与进口优质小麦相媲美，但市场上真正能得到加工企业认可、满足加工需求的品种仍然缺乏。其中原因，主要是我国小麦生产的户均规模小、集约化程度不高，不同品种"插花"种植的现象较为普遍，混种造成了混收和混贮，收储也多是品种混杂，即便是好品种也难以生产出质量相对整齐稳定的加工用粮。这些年，国内积极推进优质专用小麦订单生产，小麦品质一致性有了明显提高，但与现代加工企业的要求相比还有很长的路要走。

有学者认为，如果以生存和繁衍来衡量物种演化的话，那么，小麦是最成功的物种之一，甚至认为不是人类驯化了小麦，而是小麦驯化了人类。

且不论物种上到底是谁驯化了谁，重要的是，这饱满瓷实的小麦籽粒养活着世界以小麦为主食的几十亿人口，也滋养着一代又一代的人类文明。诞生于两河流域的古巴比伦、崛起于华夏大地的古中国、横跨三大洲的波斯帝国，无一不是小麦种植最早和最繁盛的地方，无一不以小麦为荣！

对于我这样一个从业几十年的农业农村工作者来说，对小麦、对粮食更是有一种天然的亲切感。在我眼里，再美丽的花也比不过麦花、稻花朴实动人，再硕大的果实也不及粮食，不及麦穗、稻穗那么结实沉稳。

站在那里，我也好像看到了远方，此刻我们的黄淮海平原上，想必也已经处处是这样的盛景了。夏粮是全年粮食生产第一仗，每年小麦丰收的时候，也是我作为农业部长全年最高兴的时候。手中有粮，心中不慌，这是颠扑不破的永恒真理。

去法国，不能不看葡萄酒。法国不但是全世界酿造葡萄酒品种最多的国家，也生产了无数闻名于世的高级葡萄酒，是当之无愧的葡萄酒王国。在此前的一次出访中，我也对法国的葡萄酒产业进行了考察。

葡萄酒的品质在很大程度上依赖于葡萄的好坏，无论是葡萄品种，还是气候、土壤、湿度，还是葡萄园管理和酿酒技术，法国都有着最优越的条件。

法国的葡萄酒分了很多产区。勃艮第产区历史悠久；阿尔萨斯产区盛产白葡萄酒；香槟产区是全球著名的起泡酒的故乡；波尔多产区是全世界闻名遐迩的葡萄酒产区，也是中国人最熟悉的产区。不同产区口味不尽相同，品种、生长环境甚至向阳还是背阴都会影响酒的口感评价类型，即便都是波尔多葡萄酒，也还有左岸、右岸之分。

法国葡萄酒酿制主要有两类主体：一类是私人酒庄，一类是合作社办酿酒厂。我访问过酒庄，也考察过酿酒厂，品尝之后发现酒庄的酒普遍比合作社的要好一些。

私人酒庄一般也是一个种植葡萄的家庭农场，有的几十公顷，多的上百公顷。每个酒庄都有自己的葡萄种植方式，用着独门的酿制技术，打着自家的品牌。品牌经常是祖祖辈辈传下来的，不知传了多少代之后，品牌越来越古老、越来越值钱。

法国酒庄里，用传统酒窖和木桶藏酒

　　他们每年也不会多酿制，就是农场里收获的葡萄，酿那么几千瓶、万把瓶。有的有固定客户，有的在镇上开个小店卖自己品牌的酒。

　　还有一种是酿酒厂。一些小农户自己没有能力建酒庄，就几家、十几家一起成立合作社，共同办酿酒厂。在波尔多我也访问了一个合作社。我当时还专门对比了两种酒，感觉合作社的酒口感确实不如酒庄酒。价格上也能体现出差异，酒庄酒标价十几欧元、二十欧元的都有，合作社的酒往往就是一两欧元、三五欧元。

　　我想一方面是工艺不一样，酒庄酿制的酒不多，大多采用传统工艺，有很多讲究，比如大多放在专门的地下酒窖、用橡木桶储存等，走的是精品路线；而合作社的酒，很多都是工厂化酿制，用一个个很大的不锈钢罐子当存酒器，风味上会打折扣。另一个很重要的原因，就是合作社各家的葡萄品质不统一，汇集到一起确实会影响葡萄酒的口感。

西欧家庭农场

我们国内的长城葡萄酒也是这样，河北怀来生产的葡萄酒品质相对要好一些，就是因为怀来葡萄是几十万亩的大面积种植，生产要求高，标准也一致，夏天都统一用黑布遮光。葡萄的品质高、质量稳定，酿制出来的酒口感就好。而另外一个地区用收购的葡萄加工酿酒，品质的整齐度感觉就稍逊一筹。

这也引发我的思考，多主体联合怎样保持质量一致性，小作坊式农产品如何提高品质、打造品牌，这是需要研究的问题。不过，问题归问题，不能因此否定了农民联合起来办加工厂这种方式。而且，市场消费也有不同层次，合作社的酒虽然质量略逊，但价格实惠。都说葡萄酒软化血管，最好坚持每天喝，但不是每个人天天都能消费得起酒庄一二十欧元葡萄酒的，要让普通家庭到超市里也能买得到、买得起葡萄酒，售价一两欧的合作社葡萄酒存在就很有必要。

意大利：一个家庭农场的油橄榄三产融合

联合国粮食及农业组织总部位于意大利的罗马，2011年6月，我率团出席了在那里举行的第37届联合国粮食及农业组织大会。会议结束后，专程走访了一家种植和加工油橄榄的家庭农场。

直升机飞过郁郁葱葱的山林，落到半山坡的一片空地上。山上，漫山遍野都是橄榄树，初夏的阳光在树间跳跃，更显得苍翠葱茏。不远处，树林掩映中有一栋房子，向阳而立，那就是我们要去的农场主的家。

遍山都是苍翠的橄榄树林

走过去的时候，农场主贝尔蒂尼已经等在门口了。这是一位白发老者，性格非常达观。他带我去看当地最老的油橄榄树，据说已有2000年树龄了，树干遒劲粗壮，得几人合抱才抱得过来，但枝丫树叶却仍然生机勃勃、柔韧鲜亮。我对他说，祝愿您像这棵树一样长寿。老人幽默地回答说，太长了，活到1/10就行了。

与贝尔蒂尼在一棵2000年树龄的油橄榄树下合影

　　我们一边走，一边听贝尔蒂尼介绍他怎么种橄榄树、怎么榨橄榄油。从老人眼里，我看到对橄榄树发自内心的骄傲和喜爱。橄榄树是西方文明里的"圣树"，代表着和平，直到现代的奥林匹克运动会上，仍然保留着为获奖者戴橄榄枝花环的传统。意大利所在的地中海沿岸，种植橄榄树历史悠久。据考证，橄榄树起源于大约六百万年以前的地中海沿岸中东部，大约在公元前六千年叙利亚和以色列地区就开始种植橄榄，之后橄榄树一路向西，传到了地中海沿岸各地。橄榄树像中国的桃树一样，具有超强的生命力。据说在气候土壤相宜的地方，只要随便砍下一根树枝，往地上一插，就能生根成活，长成树木。

　　我想，老人的达观和幽默大概是源于他的骄傲，为他们的文明而骄傲，为他们的历史而骄傲。也许正是这样的骄傲，为人们辛苦繁琐的日常劳作赋予了精神价值。

品尝贝尔蒂尼自己加工的橄榄油

意大利的美食很有名，其中橄榄油等被认为是意大利菜的灵魂。看完橄榄树，我们来到贝尔蒂尼家，只见不大的院子里摆满了各种橄榄油产品。贝尔蒂尼盛情邀请我品尝，说这都是他自己家生产的。

他们的橄榄油可以生吃，当地人都喜欢用新鲜榨出的油抹面包，我也试着在面包上直接抹了一层橄榄油尝了一下，感觉还不错，没有想象中生油的腥气。

当然，这也跟橄榄油的等级有关，按照油酸含量等指标，国际橄榄理事会将橄榄油分为三个等级：特级初榨橄榄油、初榨橄榄油、混合橄榄油。我们国内市场上的橄榄油也是分级的，有些是可以直接入口或当护肤油来用，有些则只能做菜时使用。

橄榄油营养丰富、味道柔和，是目前世界上的主要食用油之一，价格也相对较高。在国际市场上，橄榄油平均价格比大豆油、

西欧家庭农场

菜籽油高4倍，比花生油高1倍多。意大利是欧盟第二大橄榄油出口国，据统计，2018年意大利出口到欧盟外第三方市场的橄榄油为19.1万吨，占欧盟出口总量的33%。

品尝完橄榄油，贝尔蒂尼又带我去看他的榨油厂。榨油厂规模不大，各种设备齐全，榨出的油打上自己的品牌销售到市场上去。

当然，一个榨油厂单靠一个家庭农场撑不起来，他的运营方式有点像我们的合作社，周边几家种橄榄的农场主联合起来搞加工和销售。围绕橄榄油这一个产品，形成了从种植到加工、再到销售的完整产业链。几家的力量合在一起，规模上去了，三产融合也搞起来了，有效解决了小农户对接大市场的问题。

多年来，我国农业是三产分离的，种地的归种地、加工的归加工、卖东西的归卖东西。农民往往只会种地，无论是种粮食还是种经济作物，都只是提供原料，处于产业链的最前端，也是利润最微薄的环节。究其原因，一方面农民自身的能力素质有待提升；另一方面，也受限于小农经济的规模水平，一家一户生产的东西撑不起加工和销售。长期产加销分割的体制又固化了这一点。总之，长期以来农民就被"圈"在种植养殖这个环节里，不但分享不到产业链后端二三产业的增值部分，而且也不利于农民自我提升，农业和农民的发展需要打破这个"圈"。

三产融合也是农业发展的大势所趋。一二三产本身就有着天然的联系，它们之间是一种自然的融合，符合生产逻辑的融合，也是生活生产兼顾的融合。虽然融合是趋势，但怎样融合就有很多道路可选择了，每个国家都应该根据自己的特点选择自己的道路。

在我国，近年来一些工商资本下乡，带动人力、财力、物力以及先进技术、理念、管理等进入农业农村，给土地带来了活力，也给农民带来了收入。

对这样的工商资本下乡我们要欢迎和鼓励，不过也要看到，这不是现代农业发展的唯一道路，不是像有些人想的那样一定要做大、一定要依靠老板，好像那样才算是三产融合、才算是现代农业。这种观念是片面的。

更要警惕的是，个别地方引入了"老板"却抛弃了"老乡"，鼓励工商资本下乡却排斥小农户生产。三产是融合了，产业也做大了，却跟农民没什么关系了。这种做法更是错误和危险的。

我们要延长产业链，延伸价值链，推进一二三产融合，但要把农民融进产业链，最终目的是为了让农民富起来。这是我们的初心，也是我们的底线。

小规模的农户能不能搞三产融合，能不能搞标准化、市场化，关键是看能不能把他们有效组织起来，在这一点上，欧洲农场间的组织模式值得我们借鉴。

我参观的意大利农场是一个比较典型的欧洲农场，与北美动辄上万公顷的大农场比，欧洲农场的规模要小得多，很多也就几百亩上下；与美国动辄全国性的大产业协会相比，欧洲的农业组织也要小得多，几户、几十户联合起来就成为一个小型合作组织，照样可以运作得很好。

这让我更加坚信，小农户也是可以组织起来的，组织好了照样能参与产业链后端的服务与增值。在我们国家，合作社就可以承担这样的功能。

规模大有大的做法，小有小的做法。工商资本与小农户并不矛盾，规模化土地流转和家庭农场经营也不矛盾，都可以从不同的路径上实现融合，不能搞一刀切，更不能排斥小农户。

奥地利：在乡村过怡然自得的生活

访问奥地利时，在一个普普通通的小村庄里，村民强烈的幸福感和获得感深深地感染着我。

村庄位于阿尔卑斯山与欧洲平原的过渡带，他们的祖先曾是猎户，直到现在村庄还是以畜牧业为主，传统文化里也刻写着猎风牧云的基因。

为了表示对我们的欢迎，村民自发组织了一个隆重的欢迎仪式。车子刚刚抵达村庄，就看到他们在路边站成两列，都穿着当地传统的服装，黑礼帽、黑西服、黑皮鞋，棕色裤子从膝盖以下打着绑腿，还依稀保留着猎户的传统。

人人手里都端着双筒猎枪，一位负责指挥的人响亮地吆喝一声，大家齐齐朝天举枪，"砰"的一声鸣枪成礼。又吆喝一声，又是"砰"的一声，场面十分热烈。

当地猎人仪仗队表演传统的欢迎仪式

我们下车来到一个小广场，很多村民围过来和我们交谈。他们介绍，这是当地代代相传的仪式，只有来了最尊贵的客人，才会用这种方式来表达最诚挚的欢迎之情，他们的友好和对中国的尊重让我们很感动。

受到热烈气氛的感染，我也很有兴趣地拿过他们的枪感受了一下。那是真正的猎枪，不过已经做得很精致了，木头的枪身上涂了清漆，还用黄铜包了边，端在手里沉甸甸的。

这样富有地方特色的仪式，在我们国家也有很多。比如陕北的安塞，有重要客人来的时候，农民也会穿上当地传统服装，包上白头巾，舞起大红绸，在黄土地上列阵敲起安塞腰鼓。

每个地方都有自己独特的风情，世世代代生活在黄土高原上的安塞农民，绝不会拿一把猎枪表示欢迎；祖祖辈辈以放牧狩猎为生的奥地利农民，也不会包着头巾会客。独特文化风俗的背后，有着独特的经济制度、自然生态。奥地利的狩猎文化和安塞的黄土况味，背后蕴藏的是西欧与中国两种不同的农业耕作制度：西欧是田草结合、农牧混合制度，中国传统上以单一的粮食种植业制度为主。

而经济结构又受到地理环境的影响。很多学者认为，西欧农牧混合的经济结构源于欧洲地势平坦、气候稳定等自然条件，中国单一农业经济结构则是出于地理环境的压力。中国降雨量极具季节性，在地域上又有所谓"十五英寸等雨线"的自然分界，由此带来农耕文明与游牧文明泾渭分明。这些都是我们要思索、要探寻的东西。

在这个小村庄，我们还专门走进一个农户家调研。在那里我们见到一个很可爱的小男孩，放学以后正在帮家里干活，给牛喂草料。当时已经是1月了，天气很冷，我们都穿得厚厚的，他却还穿着短裤和半长的袜子，中间一大截腿露在外面。

与一个正在帮家里干活的小男孩交谈

这个小男孩让我想起小时候，放学回家也会帮家里干活，但我们那时候更多的是迫于生计，现在的孩子可能主要是一种劳动教育。

这家的男女主人叫罗伯特和凯瑟琳娜，带着男孩一起，给我和奥地利农业部部长介绍他们的仓库、养牛用的饲草，带我们看他家的牛棚，还给我们品尝他们平时吃的肉、奶酪。看得出，一家人生活得十分快乐幸福。

那天的午餐是在村子里一个农家乐吃的。他们开农家乐的成本不高，因为农民本来就有自己的产业、自己的房舍、自己的生活。有客人来就招待一下；没有客人时，自己一家人坐在一起聊聊天、吃吃饭，也是一种生活滋味。

我们去的农家乐是一位老太太和她儿媳妇一起打理的。老太太70多岁了，身体很硬朗，生活得阳光而快乐。听说有中国客人要来，还专门梳妆打扮过。我开玩笑说，她和儿媳妇看起来好像是姐妹一样，老太太听了很高兴。

那天吃的菜肴都是婆媳俩自己做的。虽不如中国菜那么复杂多样，但也非常精致、色泽鲜亮，既有欧陆风情又有独家风味。她俩一边忙活一边和我们聊天，里里外外照看着，真让人有宾至如归之感。

她们告诉我，家里也有农场，老爷子去世了，儿子在外面工

在农家品尝当地特色美食

作，小孩在外面念书，留下婆媳没有能力打理农场，就把土地租给别的农场主了。婆媳俩留在本村无事，于是把房舍整理出来，开起了乡村餐馆，做点小生意，来了客人还可以聊聊天，不寂寞。在餐馆我也注意到，南来北往的客人真不少，婆媳俩其乐融融，乐此不疲。

她们乐天的生活态度，也引发了我对中国农业和农民的一些思考。国内现在常说"留守老人""留守妇女"，觉得这种词听着颇为惨淡，但这个老太太和她儿媳妇其实也是"留守老人""留守妇女"，她们却丝毫没有表现出留守的艰难，反而过得怡然自得。

这不由得让人思考，"留守老人""留守妇女"就一定得是悲苦的吗？可见不是。关键是取决于她们对待生活的态度；当然，她们自身态度又取决于全社会怎样对待"三农"。我相信，伴随着乡村振兴的脚步，我们中国的农民也离这种滋润、开心的生活不远了。

　　高档宾馆和正式宴请往往无法留下太深的印象，但与奥地利农业部部长在农家小院吃的这顿午餐让我至今难忘，除了这对快乐的婆媳，还有当地如画的风景。

　　我们吃饭的农家乐，围起院子的不是院墙，而是木柴搭的篱笆。篱笆上、屋顶上、树上都落了厚厚的积雪，所有东西都变得圆鼓鼓的，像一朵朵大蘑菇，很是好看，感觉好像到了童话世界。

　　这跟我的家乡东北不一样。东北雪也大，但是大风把雪吹得到处飞，落不下来。篱笆上也会挂着雪，冰和雪混在一块，定不住形。东北也大多没有奥地利房子这么陡的坡顶，最常见的风景是房檐垂下的一条条冰溜子。

　　不过东北很大，也有一些地区受小气候影响，形成了像奥地利一样的景观，现在开发出来做旅游，也吸引了越来越多的游客，比如这几年兴起的著名旅游景点雪乡就差不多。

爱尔兰："翡翠绿岛"上有个大美牧场

2018年10月，我访问了爱尔兰。在那里，开车走在路上可以看到一片片丰美的草场、一群群悠闲的奶牛、一簇簇精致的农舍，让我回国以后念念不忘，一直想在我们张家口一带引种这种牧草。

爱尔兰被称为"翡翠绿岛"，土地的3/4是草场。优越的自然环境使爱尔兰成为世界上重要的牛奶制品产地，全球出口的婴幼儿配方奶粉有1/10出自爱尔兰。

那次访问中，我们来到一个农场。一下车就看到，青绿色的牧草就像一张巨大的毯子，密密地覆盖着整个草坡。走近了摸一摸，手感厚实柔软。

在爱尔兰一个农场，我们去看牛，牛在看我们

农场主杰拉德告诉我，这是优质牧草黑麦草，是可消化物质含量较高的牧草之一，营养价值也很高，蛋白质、矿物质、维生素含量都很高，其青干草粗蛋白质含量最高可达25%。牛羊吃了长肉快，产奶多，还能节省精料。黑麦草叶多柔嫩，踩上去平整舒适，还是高尔夫球道常用草和一些景观的草坪用草。

我们站在草地上聊天，牧场的牛一点也不怕人，反而踱着步子，"哞哞"叫着，把我们当作风景过来"围观"。一时间，竟不知道是人在看牛，还是牛在看人。

蓝天、白云、绿草、悠闲的牛……这一切，与不远处多姿多彩、玲珑小巧又不铺排、不张扬的房舍一道，构成了一幅隽永的风景画。

看着这些我不由得想到，我们从北京开车到河北张家口，两三个小时车程里也有很多牧场，正好就在去往冬奥会会场的路上。如果能借举办冬奥会的契机，把我们的牧场也建得这么漂亮，不但有利于发展畜牧业，而且更重要的是，通过农旅融合给城市人提供心灵栖息的新场所，给农牧民开辟乡村旅游致富的新空间。

聊天的时候，我还关心一个问题，农场的牛生病了是找谁看？杰拉德告诉我，农场聘请了一位执业兽医，专门负责给牛看病，提供疫病防治服务。这位兽医正巧也在现场。他告诉我，他属于自由职业者，与农场签合同，为农场服务，但是他也受政府管理，只有拿到农业部门颁发的执照，才可以成为一名执业兽医，才有资格到市场上去行医。

这一点和我们不一样，我们的兽医基本上都是国家公职人员，而且负责给畜禽看病的兽医和负责防疫检疫的兽医基本是一体的。

在交流中，我的脑海里也不断思索着中国兽医未来的改革方向，大趋势也是看病和防疫检疫分离。一部分人专职负责防疫检疫。畜禽产品是否安全，有没有非洲猪瘟，有没有口蹄疫，他们说了算。他们对广大消费者负责、对公共卫生负责而不是对养殖场负责，他们的工资理所当然由国家发放，检疫费用也是国家支付。另一部分人是执业兽医。他们专

杰拉德给我介绍农场里的优质牧草黑麦草

门给牲畜看病，要对养殖场负责，由养殖场付钱。他们的收入与工作能力挂钩，能力差的没人请，可能就没有收入，这是市场的选择。

但同时，我们也不能完全照搬照抄国外的经验，还要结合中国实际。人多地少的现实决定了我们的养殖场很难做到爱尔兰、新西兰、澳大利亚那样的规模，众多小农户如同汪洋大海，而这样的情况在今后相当长时间内还是一个基本面。小农户享受不起市场化的服务，如果一点小病小灾都要花钱，他们是很难维持的，所以我们还需要公益性的兽医服务。公益性服务与经营性服务并存，这是中国的国情，也是中国的路子。

比利时：一个传承七代农场的循环农业

在访问比利时布鲁日时，我认识了一个世世代代务农的家庭农场主，和他交流了很多看法，对我很有启发。

农场主告诉我，农场传到他手里已经整整七代了，而且现在他儿子高中毕业也回到农场，已经在培养第八代接班人了。

农场自己有100公顷土地，还流转别人家的400公顷地种玉米，另有55公顷地种小麦，同时还养了200头比利时蓝白花牛和一些羊。牛和羊出栏后统一送到屠宰场去屠宰分割，然后肉拉回农场自己卖。

在布鲁日一个家庭农场参观牛舍

我们在农场里看到一个小商店，外面整整齐齐地摆着一个个小格子，走近一看是一格一格的冷柜。分割好的肉密封包装，一份肉就放在一个格子里，外面贴上标注了重量和价格的标签，供顾客自选。他的顾客基本上都是亲朋好友和住在附近的邻居。

这个农场虽然规模不大，但循环农业做得很好。我们参观了他的废弃物处理厂，农场养的牛羊产生的粪污都可以在这里变成沼气。

农场主告诉我，他们每年能生产沼气2500吨，每年的发电量可以供9000人使用，每小时可以发电1500瓦，发的电自己用不了还可以并入电网，价格与普通电价一样，还能享受到绿色能源补贴。

布鲁日家庭农场牛舍内景

在欧洲，这种农牧结合的农场还有很多。20世纪90年代初，随着人们对生态保护的不断重视，比利时实施了促进生态农业发展的各项措施，注重农业产出效益的同时，更加注重社会效益和生态效益。

在中国，过去农民家养的猪，也是一种循环农业。那时候家家户户都有猪圈，养一两头猪。家里吃不完的剩菜剩饭就倒给猪吃，不够的再到地垄边上打点猪草，再不够了才喂猪饲料。养猪产生的粪污，堆肥发酵后就是很好的肥料，送到地里去肥田。

现在出于人居环境整治、动物疫病防控等方面的考虑，不这么养了，但是这种理念我们还是要坚持，特别是在一个县市的范围内，做畜牧业规划要同时考虑农牧结合、循环生产，考虑本辖区的承载量。

中国有句古话："百里不运草，千里不运粮。"不管是养殖业前端的饲草，还是后端的粪污，都只能在一定范围内运输，不然会成本大增，最好的方法是就地循环处理。

我在海南省屯昌县调研时，曾经看过一个做得很好的循环农业模式。每400头猪和几百亩地组成一个单元，土地给猪提供食物，养猪的粪污经过发酵后直接送到地里当肥料，不需要像其他养猪场一样加工成有机肥颗粒运走，成本也大大压缩了。每个单元多少猪配多少土地，都是经过提前测算的，在单元内就可以实现一个小循环。

和农场主聊天的另外一件事也让我很感兴趣，就是他提到的补贴政策。比利时农业保护力度很大，农民拿到的补贴甚至能达到收入的40%。

比利时是欧盟成员，也是欧盟总部所在地，享受欧盟共同农业政策有近水楼台的便利，而且欧盟补贴方式也多样化，比如补贴科技、补贴培训、补贴市场流通等，通过为农民降低成本来达到效果。

近年来，欧盟以"基本补贴"取代"单一农场补贴"，实现补贴结构的"绿箱化"；削减对大农场的补贴，加强对规模小、环境差农户的补贴，兼顾公平性；引入与生产脱钩的"绿色补贴"，兼具奖励性和惩罚性等。这些补贴政策在促进农业农村可持续发展方面发挥了很大作用。

我一边和农场主聊，一边也在思考我们国家的农业补贴。我们对农民的补贴种类也不算少，但总量较之欧美是偏低的，补贴占农民收入比例不足10%。这一方面是因为我们农民数量多，国家还不富裕，提高补贴要有一个过程；另一方面是WTO对我国农业补贴的限制。

不过我们也可以学习欧盟，在遵循WTO规则用好"黄箱"政策的同时，创新"绿箱"政策，加大对农业科技、人才和农田水利等基础设施的投入，增加农业保险方面的补贴，运用财政信贷担保与贴息、补助、税收等经济杠杆工具引导和鼓励社会资金支持农业等。

欧盟总部就在布鲁塞尔，访问比利时期间，我还访问了欧盟总部。在那里，与欧盟农业委员霍根签署了关于开展青年农业实用人才能力建设项目的联合声明，开启了中欧青年职业农民培养交流合作。目前，中欧已有42名青年农民参与了这个项目。

第二批欧盟青年职业农民来华交流

我们经常说，要让农民成为有吸引力的职业，要鼓励青年投身农业成为"领头雁"，那就必须让青年农民去看看世界上最现代化的农业、最先进的理念，去提高他们的技能，开拓他们的视野，激发他们奋斗和创新的精神。

我相信，这些青年农民回来以后，像种子一样撒到全国各地，终会成为影响农民、改变农业的重要力量。

2019年1月，一位参加过交流项目的青年农民蔡雪，她是吉林省舒兰市的水稻合作社理事长，获邀参加了国务院召开的《政府工作报告（征求意见稿)》座谈会，对国务院总理的报告稿发表意见。

我很高兴看到我们的青年农民，既懂得泥土里的知识，又能为国家发展建言献策；既了解中国国情，又知晓世界正在发生的变化。我们需要更多这样的高素质农民。

北欧家庭养殖户

　　北欧的农业资源算不上好，一些国家已经有大片国土在北极圈范围内了。不过好在有暖流经过，为农业提供了可能性。访问北欧总体感觉，条件有限难不倒北欧人，他们靠专业化、高效率走出自己的现代农业道路。也许因为寒冷，也许因为早期游牧，北欧国家的畜牧业比较发达。

丹麦：年轻夫妇爱养猪，还都是高学历

2012年8月，访问丹麦给我印象最深的是很多年轻人愿意从事养猪业。

农业从业者老龄化的困扰在全世界几乎都存在，但是令人惊讶的是，丹麦有很多年轻人都在养猪，其中许多还是大学毕业生。

养猪场场主拉斯穆斯夫妻俩都是大学生

我们在丹麦参观的养猪场，场主拉斯穆斯就是一个看上去很精神的小伙子。他告诉我，他和妻子都是大学毕业生，现在一起打理这个养猪场。他大学学的就是畜牧专业，毕业以后就开始养猪，现在已经有160头的规模了。拉斯穆斯还带我们参观了母猪产仔的产房，母猪的产仔率很高，一胎高达20多头。

在丹麦，养猪是有门槛的，必须拿到相应的证书，这就要求从业者具有一定的文化水平或者有学历、有文凭，这样的门槛让养猪这个职业更加受人尊重。

养猪场处处干净明亮，没什么气味。拉斯穆斯边带我参观边介绍，说起养殖技术头头是道，谈到猪场未来的规划更是信心满满。看得出来，他确实是把养猪当成了自己热爱的事业，不但投入了精力，更是投入了热情。

这一点十分难得。比较高的收入只是其中一方面，同时还要有职业尊严，这样才能吸引年轻人投入其中，才能真正"让农业成为有奔头的产业，让农民成为有吸引力的职业"。

青年是影响当前、决定未来的重要力量。赢得青年，才能赢得未来。对一个国家如此，对一个行业更是如此。因此，在农业上世界各国都在出台有针对性的措施，鼓励青年加入到农业生产中。比如欧盟共同农业政策中，就有专门针对40岁以下青年的"青年农民计划"，要求成员国必须拿出一定比例的补贴用于支持青年农民，加大对青年农民专业技能培训的补贴和支持力度等。

我们国家也有很多专门针对青年农民的培养和支持计划，希望未来有更多青年加入到我们"三农"队伍中来。

丹麦是世界猪肉出口大国，也是中国进口猪肉的一个主要来源。丹麦的养猪业专业、高效，劳动生产率居世界前列。整个产业链分为种猪养殖、仔猪养殖、成猪养殖和生猪屠宰4个部分，既分工协作，又有统一的行业协会。每个农场主都是行业会员，也是丹麦最大的生猪屠宰和猪肉生产企业"丹麦皇冠"的股东。

说到猪肉进口，我们每年都会从丹麦、德国等欧洲国家，从美国及其他国家进口一些猪肉，但进口量占我们自己生产量和消费量的比重不大，正常年份不到3%，我们猪肉产量常年稳定在5400万吨左右。在我们国家，猪肉是城乡居民主要肉类消费产品，所以首先要保证基本自给，在这个前提下适度进口。

丹麦养猪技术高效实用，生产率居世界前列

丹麦养猪业的粪污处理也有很高效实用的技术。我在丹麦因为时间关系没有去看，但在黑龙江双城的一个养殖场看过从丹麦进口的粪污处理设备。

那是一个千头猪场，专门辟出一个区域建了一个很大的发酵包，养猪产生的粪污直接进发酵包里，常温下它就自动发酵了。平常不用动，每半年清理一次。清理时，用一种专用的罐车把已经发酵好的液体粪肥抽出来，一辆罐车能装几十吨肥，开到地里通过罐车上的喷头直接喷到地里。这套设备也不贵，大概两三百万人民币，我当时和负责人详细算了经济账，觉得在畜牧养殖区推广还是很有可行性的。

猪和奶牛是产生排泄物最多的两种畜类，因为猪在不断地吃食增肥，奶牛在不断地吃草挤奶。对这两个产业来说，粪污处理是很大的难题。

2019年生猪产能下滑，猪肉价格飙升，其中一个不可忽视的原因，就是划定生猪禁养区以后，一些地方打着生态保护的旗号盲目扩大禁养范围，甚至提出"无猪县""无猪乡"的口号，造成养猪业萎缩。这当然是一种"懒政"，不过从另一个角度也反映了养猪粪污处理的难度。

丹麦的粪污处理技术成本低，不需要搞成我们常见的沼气、颗粒肥等，连包装袋都不需要，直接用大罐车抽出来喷到地里。他们地里种的作物也是瞄准养殖业需求，种青贮玉米比较多。粪肥还田，青贮玉米做成饲料再喂牛，整个产业链分工明确、循环有序。

芬兰：农场主精益求精追求牛奶品质

芬兰有1/3国土在北极圈内，但因为北大西洋暖流经过，芬兰成为最北的可以进行农业活动的国家，本国所需要的粮食、肉类基本自给自足。

2012年8月，我参观了芬兰一家奶牛养殖场。农场主名叫马蒂·佩科。农场规模不大，有一百三四十头奶牛。我看过的很多北欧的家庭农场规模都不大，基本上就是一家人在里面劳作。而我们现在的养殖项目，动不动就建大型牧场，动不动就是上万头的规模，有时候也要好好算算账。

农业不像工业，没有标准化流程，也无法监督，有时候规模过大反而效率低。以前东北没有大机械的时候，地多的人家雇人播种，地边上能看得见的地方种得精细点，到了地中间看不着的地方，就是一把一把地撒种子。另外，还有一个环境容量的问题，那么大的养殖项目，能消纳得了吗？能循环起来吗？农业要实事求是，不要刻意追求规模。

马蒂·佩科带我参观养殖场。那个养殖场说不上有多先进，让我印象很深的是他对牛奶质量的追求。

他们也用机器挤奶，但不是我们那样的大型机器，把牛赶

适宜家庭农场的单体挤奶"机器人"

到一起集中挤奶，看上去很壮观。他们使用的是单机机器，将机器移到牛那里去，主要为了更精准地记录每头牛什么时间、挤了多少奶，以便更好地控制牛奶的质量。

他还有专门的检测设备，奶牛的疫病情况、牛奶的各项指标，当场就可以出检测结果。那台检测设备也不便宜，当然欧盟也是有补贴的。

我在国内也看过很多高端的养殖场，窗明几净的大厂房、铮明瓦亮的不锈钢设备。这当然很好，生产好的牛奶离不开好的设施，不过也要认识到，不是有了好设施就一定能产出好牛奶的，更重要的是理念跟得上、管理跟得上。"所谓大学者，非谓有大楼之谓也，有大师之谓也"，讲的是一个道理。

马蒂·佩科的奶牛养殖场规模不大，但足够养活妻儿老小

从养殖区域出来，马蒂·佩科又带我们去种植区看他们种植的青贮玉米。他告诉我们，再过几天，这些玉米就将连玉米棒带秸秆整株一起制作成青贮饲料了。

正值深秋时节，草结子，虫啁啾，青玉米生长得茂密苗壮，叶子互相摩擦发出"沙沙"的声音。地里很多小虫飞来飞去，谈话时我忽然觉得头上奇痒难忍，好像东北的"小咬"钻进头发里一样，这更让我觉得，好像回到了从前在老家地里干活的日子。

我们国家前些年专门种植青贮玉米的还不多。尽管玉米的主要用途是饲料，但农民还是习惯种籽粒玉米，籽粒收下来当粮食卖掉，加工企业再把籽粒加工成饲料。

在近年的农业供给侧结构性改革中，我们开展了一种重要的模式改革——"粮改饲"。调整粮食、经济作物的二元结构为粮食、经济、饲料作物的三元结构，引导农民瞄准需求的最终端，直接种植青贮玉米。目前，"粮改饲"已经实行四五年了，青贮玉米的种植面积也在逐年提升。

从养牛场出来，我们又去了一个农场。正在地里看大麦，忽然墨色的积雨云来了，我们赶紧到农场主家躲雨。只一会儿工夫，"黑云压檐忽迢嶤，急雨鼎来风驾潮"，房间的光线一下子暗下来，只听得雨点噼里啪啦打在房顶的声音。

雨一直下，没有停下的意思，不过农场主托马斯很健谈，我们聊得都忘了时间。他告诉我，家里四世同堂，他的母亲已经近百岁高龄了。农场从父母手里传给了他；从2010年开始，他又把农场交给了二儿子一家。托马斯拿出一块白板，给我介绍农场经营情况。农场自有140公顷土地，又租了90多公顷土地。农场经营森林、种植谷物、驯养马匹，并为城里人代养马，城里人闲暇时还可以到此骑马休闲，所以农场收入还不错。

在家里，他的老伴给我们张罗了一桌子点心，摆得满满当当的。

北欧家庭养殖户

37

托马斯很健谈，详细给我们介绍农场的经营情况

　　我走过那么多地方，感觉热情好客是全世界农民的共性。不管是中国还是外国，到了农民家里，他们都是穿上最好的服装，准备一大桌子食物。农民愿意与人分享丰收的果实和他们的快乐，就连性格相对疏离的北欧人也不例外。

瑞典：利乐包让牛奶卖到更远的地方

瑞典是一个耐人寻味的国家，一件普普通通的事，他们可以做到极致，做得举世瞩目。

很多人一提到瑞典，就会想起诺贝尔奖。的确，全世界每年到了一个时间节点都在等待着，谁又将成为斯德哥尔摩市政厅颁奖宴会上的主角。2012年8月我到瑞典访问时，中国作家莫言获得诺贝尔文学奖的消息已经宣布，他的作品一时间洛阳纸贵。

而当时我在瑞典考察的利乐拉伐集团也与之类似，它是一家知名的涉农企业，旗下有利乐、西得乐、利拉伐公司，它制造的奶业设备闻名遐迩。我国蒙牛、光明等大的奶企都是它的客户，人们最常见到的是它的牛奶包装——利乐包，现在国内常温奶使用最多的包装还是利乐包。

在利拉伐博物馆，我看到了1878年第一台离心式奶油分离器，也看到越来越先进的大型牧场设备，不过最让我惊讶的还是小小的利乐包。

我原来以为，产品包装只是产业链上不起眼的一环，能有什么技术含量，但在展区我看到了各种各样高的矮的、圆的方的，不断迭代更新的包装盒。当地人介绍说，利乐包的纸由几层组成，外层的纸板坚韧，内层的塑料防水，还有一层铝箔能阻挡光线和氧气的进入，透气但是不透水，让食物储存更长时间。

就是这小小环节上的创新，可以说是改变了我国南方居民的饮食习惯。中国奶牛养殖主要在北方，长江以南地区天气太热，养了奶牛也不产奶；以前只有巴氏消毒奶，用玻璃瓶、塑料袋包装，需

北欧家庭养殖户

要冷藏，而且保质期短、运输半径小。所以，我国南方居民以前很难喝上牛奶。利乐包的出现，让牛奶在常温下可以储存一个月以上，长距离运输变为可能，大大延长了牛奶的销售半径，南方无法养奶牛的地区也可以喝上牛奶了。现在人们的活动范围扩大了，乘火车出行或自驾游时，软包装牛奶方便携带、无需冷藏，成为旅途中常见的饮料。

在参观利乐包时我在想，能专注地把一个液体包装做到这么极致，真是了不起。在这个大分工、大合作的时代，能找到自己的"长板"，并把"长板"做成不可替代的优势，哪怕只是生产链的一个小小的环节，也可以立于不败之地。

从历史感与现代化交融的利拉伐公司出来，我们又去了当地一家奶牛养殖场。

农场主叫克里斯特，已经年过半百了，他的房子就在牧场里，不算大但是布置得十分豪华，可以感受到养牛场的收入水平以及克里斯特对生活富有追求的态度。

靠这个两三千头规模的奶牛场，克里斯特过着不错的生活

克里斯特告诉我，他的奶牛场大约养了两三千头牛，还有自己的饲草场。欧洲农牧业规模普遍不算大，两三千头就算比较大了。他还和附近奶农一起成立了一个合作社，合作社办加工厂，统一销售，奶农都是里面的股东。合作社按照市场规律

运行，也有一套利益联结机制。比如，合作社也会按市场价格出现压奶价的问题，但是最后合作社的盈利又会反过来，以二次分红的形式返还给奶农。

奶牛在草地上悠闲地吃草

据了解，瑞典第一家奶牛合作社成立于1888年，100多年来，瑞典的农业合作社日趋专业化、国际化，对国民经济发挥着举足轻重的作用。

冰岛：牧场留守老人也可以生活得很舒心

访问冰岛期间，我认识了快乐安逸又很有生活智慧的老人克里斯蒂安。

克里斯蒂安先带我看了他的奶牛养殖场，规模不算大，但是收入一直不错。他告诉我，冰岛有全国性的牛奶定价委员会，由农牧场主、合作社代表以及政府、加工企业等组成，会根据市场变化情况制定牛奶的政府指导价，通过价格指导保护农民利益。

欧洲农场规模普遍不大，几百亩左右是比较常见的，农场主大多就近成立合作社，通过合作社进入大市场。这一点与北美截然不同，北美农场规模很大，产业协会也动辄就是全国性的，实力也很强，比如美国大豆协会、美国谷物协会等。

看完了养牛场，克里斯蒂安热情地邀请我去家里做客。

他的家就在牧场边上，房子建得很有意思，两面落地大玻璃窗围起一个生活区，感觉房子和外面的草原森林融为一体，融入无边无际的风景中。每天初升的太阳透过玻璃照进房子，一家人就坐在和暖的阳光里喝喝咖啡、聊聊天、看看风景，生活是何等惬意！

两边玻璃窗一边对着牧场，远远地能看到黑白花奶牛悠闲地在山坡上吃着草；另一边对着绿草如茵的庭院，庭院里放了很多儿童游乐设施，好像能听到孩子们在这里玩耍时发出的银铃般的笑声。

我问克里斯蒂安，有儿童活动区，怎么没看见孩子？他自豪地告诉我，他有七个孙子、孙女，周末等节假日都会回来看他，这是专门为孩子们准备的。

克里斯蒂安的子女都已经进了城，有的就在镇上，还有的去了首都雷克雅未克。他们做什么的都有，有医生，有电力公司职员等。而老两口自己，就一直留在乡下，还养了一百多头奶牛。

按我们"留守老人"的说法，这老两口也是"留守老人"，而且年纪都还不小，大概有六七十岁了。不过，看到他们你就会发现，"留守老人"并不就意味着孤单、凄凉，而是也可以生活得有文化、有品质。

这两位老人精神头很足，讲起自己的生活来也是兴高采烈的。我想除了身体健康这一基础条件外，还有一点就是人要有事做，有价值感。

老两口养着牛，自己有收入、有牧场、有房子。孩子们在城里住"鸟笼子"，周末回到爷爷奶奶家里可以撒着欢儿地玩了；临走时，再把爷爷奶奶专供的"爱心牌"牛奶、奶酪带上。一家人高高兴兴地来，高高兴兴地回去，其乐融融。

这体现了一种融洽的城乡关系，老人成为子女们稳固的大后方。

我走过这么多地方，无论是发达国家、发展中国家还是新兴经济体，像丹麦、芬兰那样年轻人乐于从事农业的还是少数，大部分国家农业还是老年人在干。讲实在话，做农业的环境确实还是比做工商业要差一些。

克里斯蒂安家很有生活气息

从当前来看，年轻人进城，老年人留在乡村务农，也是一种现实需要，处理好了也不失为一种融洽的城乡关系。

中国人是有田园情结的，有些老年人习惯了在农村种点菜、养几只鸡，自己吃自己种养的农产品，同时生活成本也可以降低一点。要不然，年轻人进了城，把老人带过去住哪儿？吃什么？城里的生活成本、居住成本本来就高，老人、小孩都靠两个年轻人养活，负担会很重。从社会经济的角度，劳动力负担加重，就只能增加工资，而这样又会导致工商业成本增加，给经济发展带来影响。

进城和留守不可避免，但也要处理好两者之间的关系。亲情是割不断的，乡愁是舍不掉的。年轻人进了城就要好好干，逢年过节常回家看看；老人在村里要有点地，种种菜、养养鸡，自己有事干，给年轻人守好大后方。

像冰岛的老两口一样，平时享受着田园风光，到了周末还能享受天伦之乐。如果留守老人都过上了这样的生活，那还真是很不错的。

再往长远看，可能就涉及多方面的问题了。虽然很多国家都面临老龄化问题，但我们国家还是有特殊性的。国外一户农民都有十几公顷、几十公顷土地；中国人均土地面积比较少，每家也就半公顷甚至更少，东北地区面积大一些能有两公顷。这么小的面积不足以留住人，所以我们未来的发展思路还是要推进规模经营，培养职业农民，留住年轻人。

我国农业老龄化问题比欧洲还要突出。现在农村很少能见到"80后"，"70后"也不多。再过20年，"50后""60后"农民退出历史舞台后，那时候中国的农业人口结构会发生很大的变化，农业生产经营方式也会发生很大变化，因为生产方式与劳动力结构一定是要互相匹配的。

从这个角度看，现在农村人口的结构，包括农村人口的流入、流出以及剩下人口的结构，很有研究价值。我相信在将来留在农村搞农业的，都是创新创业的高素质农民。

我这次访问冰岛还有一些缘由。

2010年，我们上海世界博览会办得很成功，很多国家领导人都来出席本国的国家日。我作为中国政府的代表，到上海陪同当时的冰岛总统奥拉维尔·格里姆松参加冰岛国家日，相谈甚欢。

冰岛国家馆里，一项很重要的展示内容就是对地热的利用，用地热种蔬菜、种水果，用地热取暖等。格里姆松提出希望我访问冰岛，他说冰岛的农业很有特点，还建议中国的大棚也可以像冰岛一样利用地热。

冰岛位于北大西洋靠近北极圈的海域，气候寒冷，国土总面积中的可耕地面积极少。从15世纪开始，冰岛人就懂得利用地热资源为生产生活服务了。1924年起，冰岛开始尝试建设地热绿色温室，发展生态农副业，获得了成功。

格里姆松回国以后就向我发出邀请，不过因为种种原因没有成行，但我心里一直有一个情结，想到冰岛看看极地地区农业是怎么搞的。

直到2018年10月，应冰岛渔农部部长尤利于松邀请，我率团访问冰岛，参观了当地的农场、温室等。

可能是因为去的季节还不是最冷的时候，虽然感觉温度很低，但并没有看到冰天雪地的景象。不过，冰岛的设施农业确实做得很好，地热利用也很有特点。

我们走进一个农场主家的大棚。外形就像我们寿光的钢架大棚一样，不过他们的确是地热条件很好，棚外寒意阵阵，棚内温暖如春，翠绿的蔬菜生机勃勃。因为靠近北极，极夜期白天时间短，日照不足，他们还在大棚里设置了黄色的仿日光灯，可以给蔬菜补充光照。

冰岛的地热温室里常年温暖如春

农场主同时也做乡村旅游，家族成员内部分工明确，各负其责。比如他的女儿阿尔曼就专门负责马场的管理，给我们详细介绍各种品种的马，还有各式各样的马具。游客还可以骑马环绕农场参观，都是阿尔曼在负责。

那天我们的工作餐就是在大棚里吃的，给我留下了很深的印象。大棚里的餐厅很简朴，地面就用砖头简单地一铺，没抹水泥也不铺地毯。桌子之间用绿植隔开，或者干脆种上一排豆角稍加遮挡，占用面积都不大。菜在外面一个类似中央厨房的地方做好再端进来，没有什么山珍海味，但食物都很清新爽口。眼前的一切野趣横生，别有一番田园风味。

这样的环境才会颐养身心。城市有城市的美感，乡村有乡村的风情。乡村游建设不是要去照抄照搬城市，搞缩小版的城市，恰恰相反，要保留乡野意趣，发掘乡村民俗，呈现乡土风貌，就是要给城里人看他们平常看不到的风景。

而我们现在有些资本下乡搞的乡村游，房子建得雕梁画栋，像城里的高档餐厅或会所一样，有的甚至建"大棚房"——不但在大棚里盖房子，房子还要装修成豪华包间。这样的乡村游、农家乐就变味了。从游客的角度说，他们专门开车来到乡村，不就是为了看田园风光，感受自然乐趣吗？不就是吃地里新摘的瓜果蔬菜那股新鲜劲儿吗？跑到大棚里坐豪华包间、吃海参鲍鱼，不是很荒诞吗？

我们访问的那位农场主非常健谈，吃饭期间和我们聊了很多。这个农场是他的家族传了几代传到他手里的，现在他觉得自己年纪大了，开始有交班的想法，想传给自己的儿子了。

欧洲从封建时代就实行"长子继承制"。不管家里有几个孩子，主要的土地和财产只能给一个孩子，绝大多数是长子去继承。这样家族财富代代承继，不会在几代以后就凋零衰败。现在欧洲的土地继承也还是不鼓励分割，在税收、补贴等方面采取一些特别的政策，防止土地细碎化。

经济制度深刻影响着文化和民族性格。有研究者认为，欧洲的"长子继承制"带来的影响是，家族的幼子无法继承财产，不得不去开创新事业，所以造就了欧洲人富有冒险精神的特点。这些观点也是一种启发。

北欧家庭养殖户

巴尔干半岛农民

　　说到巴尔干，自然要说南斯拉夫。我对南斯拉夫，最早知道有个铁托，然后听说他们成了修正主义；听过电影《桥》里的经典歌曲《啊，朋友再见》，知道他们的篮球和足球很强；后来就是美国轰炸我们驻南斯拉夫大使馆；再后来，这个国家多年打内战，最终宣布解体。南斯拉夫解体前我对其农业没什么了解，独立后的国家去过几个，感觉虽然不大但相对富足，风光美丽，农业生产呈现多样性，非常有特色。

塞尔维亚：尼科利奇一家热情地招待了我

塞尔维亚是南斯拉夫解体后独立的最大国家，和中国有着特殊的友好关系，在塞尔维亚我也深深地感受到了这一点。

在一个村庄访问时，当地人都盛装打扮对我表示欢迎。塞尔维亚的民族服装色彩丰富，迎接我们的几个少年，雪白的衬衫外罩着绣花背心，腰间还系着宽大华丽的腰带。

当地人摆出特色美食招待我们

我走进农户尼科利奇家里，女主人摆出一桌子当地特色的食物招呼我们品尝。尼科利奇和周边赶来的邻居们一起，围得满满当当地陪我们聊天。言谈之间感觉他们的素质和文明程度都比较高。

我们去的时候是冬天，白雪皑皑，非常漂亮。我们还在尼科利奇的带领下，参观他们家的牛棚。

雪中的乡村十分静谧

塞尔维亚的农业资源很丰富。萨瓦河是多瑙河的一个重要支流，流经贝尔格莱德。那天访问结束回程的时候，正好途经萨瓦河和多瑙河的交汇点，站在山顶往下望，太阳已经快落山了，暮色中的河流奔涌不息，河面波光粼粼，景色雄浑浩荡。

当地人指着远处告诉我，那条河就是多瑙河。全国最好的土地不在这里，而是在多瑙河冲积平原，和罗马尼亚、匈牙利接壤的地方。

虽然资源丰富，但是前些年因为战乱，塞尔维亚发展一度停滞。在贝尔格莱德城区，到现在还能看见当年北约轰炸留下的断壁残垣。好在现在和平了，塞尔维亚又开始回到发展的轨道。他们劳动力素质高，机械化基础也不错，相信农业应该很快就会发展起来。

鉴于两国之间的深厚友谊和农业互补性，中国和塞尔维亚未来的合作不可限量。中塞两国在2016年就建立了全面战略伙伴关系，现在有两个大的合作项目：一个是斯梅代雷沃钢铁厂，一个是匈塞铁路。

我一直有个想法，在匈塞铁路边上建一座现代农业产业园或者设施蔬菜产业园，既可以帮助塞尔维亚朋友，又可以让我们的企业走出去。

这个产业园首先销路不成问题，那里有足够的市场。目前欧洲的蔬菜主要靠北非供应，意大利、西班牙等很多国家吃的都是埃及运过去的蔬菜。其次中国的温室技术非常成熟，要搬过去太容易了。另外，将来匈塞铁路通车后，旁边一座现代化程度很高的产业园也是一个很好的形象展示。

在塞尔维亚访问还有一件事让我印象十分深刻，就是当地人个子普遍很高。南斯拉夫篮球队很厉害，现在的塞尔维亚也是强队，球队上场，一看都是个子特别高的人。

斯洛文尼亚：把蜂蜜这个小众产品做到极致

塞尔维亚、罗马尼亚等许多中东欧国家都重视蜂产业，蜂产业在斯洛文尼亚更是历史悠久、深入人心。他们形容意外降临的好运时，会说"斧头落在蜂蜜中"。

2017年8月，我参加了第55届斯洛文尼亚农业与食品博览会。中国是这次博览会的主宾国，展出了很多富有中国特色的农产品。随后，我又深入调研了斯洛文尼亚的蜂产业，感慨颇多。

斯洛文尼亚蜂业博物馆早在1959年就建成开馆了。博物馆不大，进馆参观前首先要戴上防护帽。跟我们国内差不多，也是大檐的帽子垂下一层面纱，戴上后就把脸和脖子等裸露在外面的地方都罩了起来。走进里面，我们看到一棵很大的木头，很多蜜蜂密密麻麻地在上面到处飞。

博物馆里主要展示了当地的蜜蜂品种，世界知名的养蜂人，还有影响斯洛文尼亚艺术的油画蜂巢板。蜂文化是斯洛文尼亚文化艺术的一个有趣又重要的分支，养蜂人在蜂箱的隔板上作画，后来发展成民间艺术不可或缺的组成部分。

这次来到斯洛文尼亚让我很受触动。这么一个经济体量不大的国家，就围绕蜂蜜这样一个小众的产品，做到极致，做成精品，这种精神和韧劲值得我们借鉴。

在那里，可以品尝到各种各样的蜂蜜、蜂蜜美食、蜂蜜酒等，还可以体验蜂蜜桑拿浴、蜂蜜按摩。

斯洛文尼亚现任议长日丹，当时是副总理兼农业、林业和食品部部长，走到哪里都推销他们的蜂蜜。有一段时间，他计划在联

蜂产业在斯洛文尼亚被开发到极致

合国粮食及农业组织倡导将5月20日设立为"世界蜜蜂日"。为什么是5月20日呢？这一天是斯洛文尼亚养蜂业最重要的人物——安东·扬沙的生日。那段时间，日丹只要一见面就跟我说，希望中国支持他的这个提议。

在2016年中国国际农产品交易会的部长推介活动中，日丹还专程来到中国，上台推荐他们的蜂蜜和苹果，最终达成意向，中国海关同意进口他们的农产品，他可高兴了。

围绕一个产品全面立体开发，找出它的故事，打响它的品牌，这种理念也是中国农业应该借鉴的。特别是现在网购这么发达，一些个性化的小众产品虽然产量不大，但是照样可以走向高端市场。

中国地大物博，这个地方做这种产品，那个地方做那种产品。如果能真正把每个地方、每种产品的品牌都竖起来，用好农产品地理标志的"金字招牌"，大家就都能发展起来。2019年，经过近十年的谈判，中国欧盟地理标志协定终于有了重要进展，首次确定大规模互认对方的地理标志产品，我国的绍兴酒、六安瓜片，欧盟的巴伐利亚啤酒、帕尔玛火腿等家喻户晓的优质地标产品将进入对方市场，这对中国农产品出口、农业产业升级是很有帮助的。

斯洛文尼亚之行还有一件让我记忆犹新的事。我那次访问，主要任务是去参加第二届中国－中东欧国家（"16＋1"）农业部长会议。让我没想到的是，十多个国家农业部部长参加的会议不是安排在城市酒店里，而是在一个乡村的农庄里。

记得那天车开了两个多小时才到，但是一点也不觉得路途枯燥。一路上，既能看到他们的特色农业，又能看到很美的自然风光。夕阳晚霞里，亚得里亚海水面湛蓝，天垂云低。夕阳从云层透出金缕一样的光芒，给庄稼树木染上了一道金光，那叫一个美！

开会的农庄也很有特色，房子是L形建筑。餐厅是露天的，桌子就摆在河边的一棵大树下，真是景物怡人、秀色可餐。吃饭的时候还有人在表演节目，都是当地的老头老太太，一边演奏音乐一边跳着舞。

现在我们有些饭店为了吸引顾客也会有歌舞表演，但是这些老人，你能感觉他们不是为了表演而表演，而是自得其乐、自在沉醉地唱起歌、跳起舞来，这样发自内心的快乐也深深感染了我们每一个人。

"16＋1"农业部长会议在中国也开过几次，都是安排在杭州、西安、成都等大都市，我们的乡村还没有这样的条件去接待高规格的国际会议。而那次会议，美丽的风景、独特的体验都证明斯洛文尼亚对乡村的自信不是没有道理的。

克罗地亚：古老农庄原始榨油方式吸引众多游客

2019年6月，我对克罗地亚进行了访问，考察了当地的蔬菜市场，还走访了一户橄榄种植加工农庄。

街边露天的小菜市场干净又整齐

这是一个露天的小菜市场，到处都干干净净的，各种叶菜、茎果类蔬菜品种丰富，也很新鲜，阳光照在上面，生活气息十足。有人把菜市场称作"最治愈"的地方。的确，到菜市场逛一圈，让脚步慢一下，看看这些颜色喜人、清爽脆嫩的蔬菜瓜果，好像再大的烦恼都可以忘却。

我去访问的农庄叫克里斯蒂娜·格拉维尼亚农庄。这是一个历史悠久的家庭农庄，据说格拉维尼亚家族从15世纪就在此定居，开始从事橄榄油的种植、加工和经营，一直延续至今。

在农庄一座据说已经有500多年历史的老宅里，还保留着最原始的榨油石磨，用传统方式还原冷榨橄榄油生产的全过程，吸引了众多游客专程来参观。

那是一座小小的石头房子，里面有一个巨大的石磨，农庄主人给我们演示了榨油过程。将采摘下来的橄榄果放到石碾子上，石碾子转动进行碾磨，磨碎后装入麻制的袋子，放入木质的压榨机进行压榨，最后将榨出的油放入石缸中静置沉淀。杂质去除后，就会得到清亮的橄榄油。

农场最原始的石磨榨油方法吸引了很多游客来参观

世界各国农民处理食物的方式大同小异，我想起我在东北当村干部时，村里开的榨油坊。

东北主要是榨大豆油，先把豆子用水泡；泡到膨胀了再上锅蒸；蒸得差不多了，就在地上铺一层草。草是很硬的一种本地草，拿一束竖着立起来，然后一松手草就在地上铺成一个圈。圈上放一个有一定高度的铁环，把豆粕放在铁环里，再铺一层草，再放一个铁环，人在上面踩，压实了，直到摞得高高的。

那个年代在东北，经常能看到小男孩在街上滚铁环，边跑边哗啦哗啦响着，用的就是榨油的铁环。

豆粕摞高了，一起拿去榨。最早是横榨，用一根六七米长、直径四五十厘米的木头把铁环夹住，横向用力；后来技术先进一些，改成竖榨了。搭上架子后四个棒小伙子一起喊着号子推，每喊一次只能推动五六厘米，就这么硬生生地用人力把豆油榨出来。

虽然辛苦，但是工分高，而且也不是哪个村都能办起油坊来的。我记得周边只有我们一个油坊，几个村的人都来榨油。榨油不收钱，但要自己带豆子。100斤豆子大约可以榨十四斤油，给人带走十二三斤，剩下的油和加工完的豆饼就当加工费了。豆饼那时候都可以吃，后来条件好了就当精饲料喂给牲畜了，是一个循环生意，几方得利。

在克罗地亚的古老农庄，我沉睡的记忆被唤醒，一时间好像回到那段燃情岁月，思绪万千。

回到橄榄油，传统压榨方式只是用来给游客怀旧和体验的，现在农庄主要的加工方式，还是采用现代设备的规模化生产。农场主告诉我，农庄自己大约有400棵橄榄树，再加上周边农民种植的橄榄一起加工生产橄榄油。农庄生产三种不同橄榄油，分别由单一品种或混合品种的橄榄制成，在国内和国际品评大赛中多次获奖。

这个庄园很好地展示了农业的文化属性，临走时我特意在留言簿上写了一段话：农业是一种奉献，农业是一种传承，农业是一种文化。中国农民和克罗地亚农民都是勤劳智慧的奉献者和传承者。祝克罗地亚农民朋友幸福快乐安康！

从橄榄庄园出来，下午我们去往港口城市杜布罗夫尼克的斯通湾，克罗地亚副总理兼农业部部长托卢西奇陪着我们参观了当地的渔业。

巴尔干半岛和意大利半岛相拥形成了亚德里亚海，斯通湾就在亚德里亚海最里面。独特的地理位置和洋流给海水带来了大量矿物质，饵料丰富，让斯通湾的生蚝味道更加鲜美。据说在古罗马时期，斯通湾出产的生蚝就是欧洲贵族的盘中餐，而到了现在，这里仍然是世界有名的海水牡蛎养殖地区。

我们去了一家生蚝养殖场，场主名叫马托·弗朗维希奇，是个很精干的小伙子。他自豪地介绍说，贝类养殖业在斯通湾具有悠久的历史，是当地居民除旅游业之外的主要收入来源，养殖品种主要是牡蛎和贻贝。

我问他养殖规模有多大，采取什么经营方式。他告诉我们，他自己经营了7个贝类养殖场，海面是向克罗地亚政府租赁的，一共40000平方米，我们参观的这个养殖场每年向政府缴纳20000库纳（约折合2万人民币）的租金。

弗朗维希奇还热情地将我们带上了停在岸边的一艘船。一边演示，一边介绍牡蛎的养殖方式。先用特制绳索从海水中自然收集牡蛎幼苗，之后进行网箱养殖，一般两年半后可以收获，整个过程不需要人工投放种苗和饲料。

弗朗维希奇向我推介他的牡蛎

我问他养殖网箱是哪里产的，他告诉我是从中国进口的。我很高兴，对他说中国网箱养殖技术先进适用、装备价廉物美，希望他能多和中国同行合作交流。

接着，弗朗维希奇捞起来一筐新鲜牡蛎，当场撬开请我品尝。直接这么吃，我其实心里有点犯嘀咕，但是出于礼貌还是尝了一个。尝完后我不由地竖起大拇指，虽然是养殖的牡蛎，但有一种天然的风味。

我又问他牡蛎价格怎么样，卖到哪里。他告诉我，养殖场每个1美元左右卖给周围的餐馆，餐馆再以每个2～5美元的价格卖给顾客。他又补充说，平时他也会邀请游客乘坐作业船，现场捕捞并品尝新鲜牡蛎。

我鼓励他说，斯通湾山好水好牡蛎好，发展观光渔业大有可为。中国到克罗地亚旅游的人越来越多，相信将来会有很多中国游客到他的养殖场体验品尝。托卢西奇笑着说，中国农业部长的到访给养殖场做了最好的广告。

那天聊得十分开心。听着弗朗维希奇的介绍，看着港口风光和渔民作业景象，别有一番渔歌唱晚的韵味。弗朗维希奇指着岸边不远处的一片房子告诉我，他的家就在那里，热情邀请我去家里做客。

那是山下一片缤纷所在，一栋栋别墅、房舍优美而别致，迎着夕阳的金光更显得绚烂多姿。不过天色将晚，已经到返程的时间了，我只好婉拒了他的盛情。他一直送我到车前，邀请我下次再来，我也诚挚地欢迎他有机会到中国来看看。

中东欧农民

　　中东欧国家的农业受几个方面的影响比较大。一个是在苏联时期都是"经济互助委员会"成员,各个国家之间形成了相对默契的分工;苏联解体后,他们也面临着市场压力,不过原来的分工产业仍然很有竞争力。另一个是欧盟东扩以后,很多国家都加入了欧盟,开始享受到欧盟的农业补贴政策,同时农业劳动力大量流向西欧。中国与中东欧国家的紧密合作,使我有机会了解那里的农业和农民。

罗马尼亚：葡萄种植、养蜂和两种类型的奶牛养殖

2014年6月，我前往罗马尼亚进行访问。罗马尼亚地处世界三大黑土带上，拥有肥沃的黑土地和充足的阳光，是欧洲重要的"粮仓"之一。那次，罗马尼亚副总理兼农业部部长康斯坦丁陪同我考察，一路给我介绍了葡萄酒酿造、养蜂、养牛等特色农业。

葡萄酒在罗马尼亚有悠久的历史，我们访问了一家有一百多年历史的葡萄酒庄园。6月，地里种植的葡萄已经开始抽藤挂果了，农场主波佩斯库给我们介绍葡萄的品种和种植方法。

有意思的是，罗马尼亚的气候条件本来适合种植红葡萄品种，但很多地方却出产大量的白葡萄酒，因为罗马尼亚人更喜欢喝白葡萄酒。当然，随着国际市场对红葡萄酒需求量的增加，罗马尼亚也逐渐倾向于酿造更多的红葡萄酒。

看完了葡萄园，波佩斯库又带我们去参观酒窖。那是一个古老的半圆形酒窖，光线略暗，温度适中。很多酒整整齐齐地瓶底朝外摆在一排排架子上，什么年份的都有，有的年代太久远，酒瓶上落满了灰尘。

波佩斯库拿出珍藏的酒请我们品尝，对我说："我家几代都在这里种葡萄、酿酒，您是我们最尊贵的客人和朋友，我想送给您一瓶自家的藏酒留作纪念。"说着他起身到酒窖架子上去找，找了一瓶1959年的酒，酒瓶上落满了时光的灰尘，他仔细擦干净送给我，我珍重地接过来，对他表示了谢意。波佩斯库还遗憾地说："我本想找一瓶1954年的，因为我知道您是1954年生人，可惜那一年的没有啦！"

葡萄酒在罗马尼亚也有悠久的历史

罗马尼亚人很为自己的葡萄酒而骄傲，他们的工艺是从西欧传过来的，葡萄酒口味也与西欧葡萄酒很相似。

罗马尼亚在历史上本来就与西欧有着千丝万缕的联系，还曾专门从德国请来一位亲王担任自己的国王，这就是著名的卡罗尔国王。罗马尼亚著名的旅游景点佩列什王宫，就是这位国王专门从德国请来建筑师设计建造的。佩列什王宫是典型的哥特式建筑，庄严华贵，三个塔尖直指云霄，被认为是世界上最美的城堡之一。

看完了葡萄酒，我还访问了一个养蜂的农庄。那是一个典型的农村，跟我们东北农村很像，家家户户都有很高很高的篱笆墙。里面种着树，树上还攀附着藤科植物。

我们走进一户人家，主人很热情，带领我们穿过一个长长的通道进了院子。院子里摆了满满一桌食物。他的儿子儿媳本来在城里工作，也专门赶回来，一家人身着崭新的节日盛装接待我们。

主人向我介绍他的良种蜜蜂和蜜蜂工作的优美环境，表达希望向中国出口蜂蜜的愿望。让我深有感触的是他言谈中对自己生产的自豪，带着这样的自豪去养蜂，产出的蜂蜜也一定错不了。

农场主是带着自豪去养蜂的

我在四个月后又去过一次罗马尼亚，2014年10月，应时任罗马尼亚总理的邀请，我出席了在布加勒斯特举办的第九届中国－中东欧国家农业经贸合作论坛和中东欧国家农产品展览交易会。两次访问我都参观了养牛场，却是两种不同类型的养牛场。

6月的访问中，我参观了布拉索夫赫尔曼乳肉牛养殖场，这是一家中国企业投资的养牛场。我去的时候正是中午，养牛场建在一个很大的斜坡上，远远望过去，阳光和暖地照下来，牛悠闲自在地在缓坡上游荡。

养殖场的牛舍管理严格，我们穿好防护服和鞋套走进去，负责人向我详细介绍了养殖技术、管理等。

10月那次出访，活动结束后我在路上临时停车，参观了一家粗放型的奶牛场。早上刚刚下过雨，道路泥泞，汽车开得很慢，最后车停在了村边上挨着田地的一处平房旁。

那个养殖场看上去就是在院子里搭了个牛棚，养了二十几头牛。牛棚一侧放草料，一侧就是简陋的牛栏。牛的粪污也没有及时清理，在阴雨天里气味格外浓重。养殖场主人叫科曼，详细给我们介绍了他的产量、销路、收入、防疫等情况。

有现代化程度很高的奶牛场，也有粗放型养殖场

我们国内这些年养殖集中度越来越高，但也还有很多与之类似的小农户养殖场，自己家养上十来头牛、几十只羊，也是粗放管理。比如我们宁夏西海固地区，基本上每户养 5 ～ 10 头牛，牛舍就在院子里，农民种田养牛兼顾，牛粪运到地里肥田，一年收入三五万元，是作为脱贫产业扶持发展的。我觉得这也是真实的农业，农业走向规模化是大方向，但不可能一步到位，更不可能先破后立，先禁止小农户生产，再推规模化。这是由客观规律决定的。

我先后看到的这两个养牛场，就代表两种类型：一种是公司为主体，一般规模庞大、设备先进、技术成熟，有的与周边农民有一定形式的利益联结。还有一种就是传统一家一户为主体，一般规模小、管理粗放，而且说实话，在疫病防控、环境整治上也带来不少挑战。但是，即便是这样，能因为他们小、散、弱就"一刀切"禁止了吗？

农业有不同发展阶段，这是由经济发展水平、社会组织化程度、资源匹配度、习惯风俗等一系列因素推动的。农业当然要向现代化的方向发展，政府也应引导向这个方向发展，但如果在不具备条件的地方强推，只会违背规律、损害农民权益。

一个小小养殖场的十几头牛，放在国家整个养牛产业中微不足道，但在养殖场主身上，可能是他父母的医药费、孩子的学费，甚至是他一家全部的生活来源。如果强行禁止，那他吃什么？还能干什么去？我们看农业，不光要从产业的角度看，还要从产业当中人的角度去看。

匈牙利：有机农业和有机"农村"

匈牙利是欧洲的一个内陆国家，不过，著名的多瑙河从境内流过，给匈牙利带来了丰富的水资源和肥沃的土地。那里一年四季受地中海气候与大西洋暖流的影响，夏季凉爽，冬季温暖，十分适合农业的发展。

匈牙利是中东欧有机农产品生产和出口大国，而且80％的有机农产品用于出口，成为整个欧洲的有机农产品供货商。

在首都布达佩斯街头，能看见很多有机农产品市场，里面牛奶、面包、蔬菜、肉制品等品类齐全，都是纯天然生产的，很多餐厅里也能吃到"原生态"的食物。

我访问了一个农庄，庄主介绍说，农庄里种的菜都是有机的，不喷洒农药，施的是有机肥；羊和鸡也是按有机方式饲养，围栏散养，饲喂的是有机饲料。

农家午餐食材都是天然的，只要简单烹饪味道就很可口

那天中午的工作餐很简单，就在农户家里的户外连廊和草坪上摆了两张桌子，桌上摆放了一些面包和蔬菜。主菜是羊肉，露天架起一个铁架子，上面吊着一口大锅，下面放着炭火。一锅煮熟了，分到每桌中间的大玻璃碗里，自己再盛到自己的盘子里。虽然菜式简单，但味道非常可口。

匈牙利是世界上最早发展有机农业的国家之一，早在20世纪80年代就开始了，最近几年更是增长迅猛。仅仅在2015—2018年四年间，种植面积就从12万公顷增至21万公顷，增幅75%。政府对有机农业出台了很多扶持政策，并且农民还可以享有欧盟的补贴，每个申请有机种植的人都可以得到补贴。

匈牙利政府也很重视农业科技创新。访问期间，我专门考察了他们最好的大学之一——圣伊斯特万大学。学校负责人告诉我，这些年，学校的教学重点也专注在农业的可持续发展上，并给我介绍了很多有机农业的创新成果。我想，匈牙利有机农业能发展得这么好，与这源源不断的创新动力是分不开的吧。

匈牙利人在农业上倾注了心血，也格外珍惜他们的农业品牌。匈牙利是地理标志产品拥有量在世界上排名第三的国家，根据世界知识产权组织统计，2018年全球共有约6.6万件有效的地理标志，其中德国1.5万余件、中国7000余件位居前两名，而匈牙利这样一个地理面积上的"小国"竟然以6000余件紧随之后，排名第三。

托卡伊贵腐酒是他们最有代表性的地理标志产品，产自匈牙利托卡伊地区，那是世界上三大最好的贵腐酒产地之一。贵腐酒是葡萄酒的一种，是由侵染了贵腐霉菌的葡萄酿制而成。托卡伊贵腐酒自1650年问世以来一直享誉世界，据说，连葡萄酒王国法国的国王路易十四都对它赞不绝口，称之为"酒中之王，王室之酒"。

访问期间，我们品尝了著名的托卡伊贵腐酒，感觉比一般葡萄酒甜度高一些，果香更浓郁，层次更丰富，还带有一点点贵腐霉菌特有的味道，有人形容是"水泡的朽木一般的香气"。酒的颜色是金黄的，一些陈年酒会变得色如琥珀，看上去十分华贵。

托卡伊贵腐酒是匈牙利的国宝，也是匈牙利人的骄傲。当地人告诉我，托卡伊贵腐酒从生产到销售都受到严格监控，甚至包括酒瓶的形状和尺寸均以法律形式固定下来。一些顶级产品，每一瓶酒的颈部都贴有匈牙利国徽，象征着最高的荣誉和品质保证。

托卡伊地区也是世界上最早实施法定原产地监管的地区，甚至比广为国人熟知的法国波尔多红酒产区的分级系统还要早120年。自法定产区设立后，托卡伊葡萄园面积一直是5500公顷，不允许扩张。后来，托卡伊的英文名称"Tokaji"曾经在欧洲多个地方被采用过，2007年后，欧盟为了加强对原产地的保护力度，欧盟规定只有匈牙利可以使用托卡伊商标。

品过美酒佳酿，常常忍不住要买几瓶带走，跟更多亲朋好友去分享；尝过凝着露珠的原生态食材，有时候也会好奇，想去看看产地的生机盎然、天地灵气。这也造就了匈牙利农业的一大特色，就是生态农场与生态农村的发展比翼齐飞，休闲农业、农事体验、乡村旅游也作为一种有机"农产品"，吸引了众多游客。

的确，农业不仅可以卖吃的，还可以卖玩的，卖风光，卖空气，卖民俗，卖风情。不但可以有有机农业，还可以有有机"农村"。久居城市的人们来到乡野田园，处处绿意欲滴、万物勃发，洗濯着眼睛，焕新着肺腑，涤荡着心灵。可以亲手摘一个果子，感受马上放进嘴里那种幸福的清香；可以近距离喂一头羊，感受生命索求食物的渴望；还可以幕天席地，什么也不做，什么也不想，只是呼吸悠长、四肢舒展地放空自己。这，就是农业的多功能性。

在匈牙利访问期间，路途中的工作餐很多都安排在附近搞乡村旅游的农庄，其中一个我印象很深。

农庄很大，远处是种植区，房子周围做餐饮和文娱项目。房前停着几辆马车，都是四匹高头骏马拉的四轮欧式马车，其中有一辆是齐整整的四匹白马，马车也造型优美，看上去十分神气。这些马车并不是像我们很多地方一样，只在固定区域走一圈，让游客感受一下就算了，他们的马车是真正的交通工具，农场主带我去地里看大麦种植，一行人就是坐着马车去的。

农庄旅游项目不仅是给游客体验的，也是他们真实的生活

在这里农民们自己养马，自己驾车，为游客提供乡野观光，还自己排练马术表演，带游客体验匈牙利古典马术。农民把原汁原味的生活展示给游客，把自己的生产劳作与游客的观光体验融合在一起，这是最好的乡村旅游。

那天的午餐也让人难忘。看完大麦，我们来到餐厅。阳光非常好，餐厅把一排排桌椅摆在了户外，我们的长条桌就摆在一棵大树下面，树冠如盖，精心修剪的草坪上疏疏落落种植着几棵粗壮的树，显得格外阔朗。草坪上还放着一些传统农具供游人参观，记得有一个大马槽，已经很旧了，不过还能看出是一整棵树干抠出来的，很是古朴沧桑。

我们代表团和当地陪同人员一共十来个人，分别在长条桌两边坐下。餐厅服务人员端上了很大的一个椭圆形大盘子放在桌子中间，盘子里满满当当堆着各种肉和香肠。看着这一大盘子肉我心想，他们可真实在，这么多肉够我们一桌子人吃了。正想着呢，没想到紧跟着第二个大盘子又端上来，就这样陆陆续续端上好几盘。面对他们的盛情我们努力吃了很多，但这么大的量，最后也实在是没吃完。

大盘满盛、大块吃肉，这样豪放粗犷的饮食风格刻写着匈牙利游牧民族、草原文明的基因。

到匈牙利会发现一个有趣的现象，大多匈牙利人是黑眼睛、黑头发，这与其欧洲邻居显得十分不同，所以此前甚至一度被史学界怀疑，匈牙利人可能是曾被汉朝击溃西迁后的匈奴人的后裔，后来据理论与考古发掘实物的佐证，两者并没有直接关系。匈牙利的主要民族是马扎尔人，以游牧为生，早期居住在乌拉尔山脉，然后逐渐西迁。

匈牙利历史悠久、文明辉煌。乡村旅游也与文化旅游紧密结合起来，使游人在领略田园风光时，还能体味着几千年历史积淀下来的民族文化。

在旅游小镇圣安德烈，多瑙河自西向东从斯洛伐克流入匈牙利，却在这里来了个九十度的急转弯，自此一路向南流去。小镇保留着很多古老的印记，店铺里卖的毛皮帽子、整张鹿皮，承载着游牧时期的记忆；墙角高处古旧残破的日晷仪，记录着当时测影计时的文明程度；而河边一座曾经用于军事的古堡，也提醒着人们一段战火中的历史。

波兰：世界闻名的苹果和农家自制香肠

波兰是中东欧第一农业大国，欧洲重要粮仓之一，波兰的苹果同样世界闻名，出口量排在全球前列。

2017年8月我访问波兰，考察了他们的苹果产业。这次访问的起因也是苹果，那是在2016年的中国国际农产品交易会期间，当时的波兰农业部部长克里什托夫·尤盖尔，端着一盘苹果登台推介，宣传自己国家的特产，会后他邀请我到波兰实地看一下他们的苹果生产。第二年，我在保加利亚参加"16＋1"农业部长会议后，访问了波兰。这是我第二次去波兰，但却是第一次看波兰的苹果产业。

中国很多人喜欢吃红富士，但在西方国家酒店的房间里一般不放红富士。北美经常放蛇果，欧洲大多是波兰苹果。我感觉红富士个头大，送礼很好看，但是吃的话，一个人吃不完，常常得全家人分吃一个；而波兰的苹果个头大小适中，酸甜度也合适，制成果汁很好喝。

波兰苹果世界闻名，种植技术也有特点

在一个苹果园里，农场主给我介绍了苹果的生产过程。他们不像我们一样给苹果套袋，而是在地下放反光板，用反光的锡纸板把太阳光反射回来，照到苹果的阴面上。当然，这种方法生产的苹果有些还是有阴阳面的区别，一面红，一面不红，看上去不够匀称。

苹果的采摘是半机械化的，在果树中间留一条车道，人坐在车上，边走边摘苹果边往车里放。我了解到欧洲很多国家苹果树已经实现矮砧化，全程机械采摘技术也已经成熟。

我边看边想，中国的苹果产业如何提高竞争力？中国现在是苹果生产大国了，但有两个问题还没有解决：一个是套袋问题。不套袋，病虫防治和果实的整齐度等容易出问题；套袋以后果实感光性一致，苹果看不出阴阳面，但问题是人工成本太高。

另一个是采摘问题。过去我们的苹果是散种的，一亩地三十棵，多的四五十棵。苹果树长得很高，得搭着梯子爬上去摘，采摘的人工成本很高。而如今苹果规模化种植对机械采摘提出了更高的要求，我们在这方面还有差距。中国农业科学院已经初步研发出苹果采摘机械，虽然比较慢，不过可以24小时连续作业，也可以降低采摘成本。

对比国内外的苹果产业，我也在思考，产业竞争力来自哪里？我认为无非就是两方面：一是品质，二是成本。如果生产上保证标准化，提高品质，同时又能降低生产成本，产业竞争力也就提上来了。

除了苹果，我对波兰生猪养殖及农户制作香肠也印象很深。我们参观的养猪场是一个家庭养殖场。庭院里有两栋房子，一栋用来做猪舍，一栋里面做香肠。房前屋后非常整洁，闻不到一点异味。猪场主人沃伊切赫给我们介绍了他全封闭的废弃物处理系统，对我们很有启发。

养猪产生的粪污怎么处理，异味怎么消除，这些都是大问题，解决不好的话直接影响农村人居环境，对产业发展也不利。但是，这不是"一刀切"禁养的借口，现在已经有很多成熟技术了，包括在我国浙江也有一些很好的案例。大养殖场有大的设备模式，小养殖场有实用型技术，各地可以根据自己的需要选择合适的废弃物处理方式。

看完了养猪场，我们又去参观了他家的香肠生产车间，虽然超级小，但也几证齐全，生产许可证、产品合格证等端端正正挂在墙上。沃伊切赫告诉我，自家养的猪就用来加工成香肠，一年只养200多头，有多少肉就做多少香肠，猪养得多了也做不了那么多。

沃伊切赫用自家养的猪做香肠

这样的想法乍一听来可能难以理解，为什么不雇人来做？为什么不扩大设备规模？为什么不多赚钱？不过，跟沃伊切赫细聊，就可以感受到他身上手艺人的骄傲、追求完美的执著以及一种甚至是带有哲学意味的生活态度。

在生产车间里，小巧而齐全的制作装置被擦得铮明瓦亮，卫生得很。刚刚从烤炉里取出来的香肠滋滋冒着油光，四溢的香气立刻飘满了整间屋子，一挂挂香肠搭在架子上色泽鲜亮，格外诱人。

他家临街的屋子就是门店，烤好的香肠拿到那里卖。门店有自动销售柜，也可以送货上门。客户都是周边居民，老主顾之间互相信任、互相照应。

　　沃伊切赫负责制作、烤制香肠，他的妻子负责打理门店，两个人配合默契、珠联璧合。在波兰访问期间我也感觉到，无论是种苹果还是养牲口，当地农民都生活得很轻松、很知足、很快乐，平平常常的日子也过得有滋有味。

与沃伊切赫一家围桌笑谈，品尝特色美食

　　沃伊切赫对我们的到访非常重视。他的孩子们在外面读大学，也专程赶回家来接待我们。我和他们一起围在一个长条桌边，边谈边品尝当地特色的美食，当然，还有他自己家制作的香肠。

保加利亚：花田里的劳动场景演变成盛大玫瑰节

保加利亚的玫瑰世界闻名，被誉为"玫瑰之国"。他们的玫瑰主要是大马士革系列玫瑰，有淡粉色、粉红色和白色三个品种，其中以淡粉色品质最好。玫瑰提炼的精油质地纯正、香气浓郁，产量、质量和出口量都是世界第一。

2018年5月，我前往保加利亚著名的玫瑰谷考察了玫瑰产业。

在波洛贾诺夫陪同下，参观一望无际的玫瑰谷

玫瑰谷被誉为世界上九大最美花海之一。从首都索菲亚向东南出发，大约200公里就到了。保加利亚农业部部长波洛贾诺夫一路陪同我，他告诉我，玫瑰谷是一片东西长约130公里、南北宽约15公里、海拔350米的狭长地带，面积大约有5000公顷。玫瑰谷里的土壤和气候特别有利于花朵的生长，所以成为世界闻名的玫瑰种植黄金区域，也是玫瑰精油生产的核心产区，世界上一半左右的玫瑰精油来自于玫瑰谷。

我们到的时候离花季还早，玫瑰花开得不多，但沁人的香气已经丝丝缕缕、如影随形了。波洛贾诺夫指着远处绵延的山丘告诉我，那里整座整座山上都是玫瑰，盛开时繁花似锦，像海洋一样绵延无际。

中国传统文化以梅兰竹菊为高洁，以牡丹为"真国色"，而在西方，玫瑰却是当之无愧的花中皇后，也是西方文化里最具魅力、最富有文化内涵的花卉意象。

波洛贾诺夫告诉我，每年春末夏初，玫瑰谷中鲜花盛开之时，当地民众在花田里采摘玫瑰、欢庆丰收，后来就演变成一年一度的玫瑰节活动，至今已经举行116届了。

每年的玫瑰节都会吸引大量来自中国、日本、意大利、德国等国家的游客，人山人海，热闹非凡，周边的酒店更是一房难求。在玫瑰节盛大的巡游活动上，男女老少都会穿上保加利亚传统民族服装，在欢快乐曲的伴奏下跳起传统的霍洛民族舞。盛装的姑娘们将新鲜的玫瑰花瓣串成花环，献给远道而来的游客。一个玫瑰采摘的劳动场景演变成一个盛大的文化节日，不由得让人叹服。

看完种植，我们又来到一家玫瑰精油加工厂。当地人告诉我，这家工厂已经被中国深圳一个企业家收购了，产品主要向中国、法国出口。

在那里我们近距离观察了蒸馏法提取精油的过程。其中一个房间里放着一个个巨大的透明玻璃罐，大约1米高的玫瑰花瓣泡在水里。罐子加热产生蒸汽，在蒸汽作用下花瓣里的精华挥发出来，在水面凝结成薄薄的油，不仔细看都看不出来。厚厚的一罐花瓣才提取了那么薄的一层油，最多几毫米厚，这层油收集起来还要再进行油水分离等一系列工序，最终才能成为玫瑰精油。

3500公斤花瓣最终才能提炼出1公斤玫瑰精油

当地人告诉我,1公顷玫瑰园正常能采摘3500～6000公斤玫瑰花瓣,3500公斤花瓣才能提炼出1公斤精油。照此推算,大约1公顷玫瑰园收获的玫瑰花瓣才能提炼出1公斤玫瑰精油。滴滴至纯,难怪价格比等量的黄金还要昂贵。

在另一个房间里,成品精油汇集到一个不锈钢容器里。打开水龙头一样的阀门,淡金色的玫瑰精油缓缓流进我手里的玻璃瓶,闪着琥珀一样的光,一时间满屋馥郁芬芳、香气四溢。这真是大自然珍贵的馈赠。

立陶宛：在一位老太太的作坊里品尝羊奶酪

2018年5月，第三届中国－中东欧国家农业部长会议在立陶宛召开，当时是"16＋1"，现在新增了希腊，已经变成"17＋1"了。会议结束以后，我专门考察了立陶宛的农牧业。

立陶宛的奶酪在整个欧洲乃至全世界都很有名气。在苏联计划经济时期，不同国家分别生产某类农产品，其中立陶宛就专门供应奶制品。

这里奶酪的味道确实不错。国内吃奶酪一般需要夹在面包里，或者切成小块放进沙拉里，但是立陶宛的奶酪是可以不加任何东西空口吃的。

考察中访问农家，一个自己制作羊奶酪的老太太给我留下了很深的印象。老太太姓拉姆斯蒂，一进她家，就见到屋里摆满了各种各样的奶酪。她告诉我们，这是用她自己家养的羊挤出的奶做的奶酪，请我们品尝。那是我第一次吃羊奶酪，颜色比牛奶酪白一些，口感不那么瓷实，吃起来更松软，但没有膻味，很好吃。

有数据统计，欧美年人均牛奶消费量超过300公斤，平均每人每天将近1公斤奶。这些牛奶光靠喝是喝不完，那是怎么消费了的？很大程度上就和他们喜欢吃奶酪有关。1斤奶酪需要8斤牛奶才能制成，对奶酪的喜爱大大拉动了欧美牛奶的消费。

老太太的奶酪都是自己家做的。我当时还特意问，这样家庭作坊式的食品加工，安全性怎么保障？当地人告诉我，政府颁布了各种食品安全标准，而且有专人负责监管。老太太屋子里贴了一排各种许可证、安全证，也印证了这一点。这也让我更加坚信，只要管

在拉姆斯蒂家品尝她自己做的羊奶酪

理到位，小规模农产品加工也能保障食品安全，也能做出精品。

这样一个小而美的农庄，加工生产的产品原料一定是新鲜的；种养加一体，资源配置成本一定不会高；顾客都是左邻右舍，一定是要讲诚信、保证质量的；能吸引到客人来买，一定是有特点、有独特风味的。农庄虽然规模小，不能让经营者"发大财"，但也可以过上比较殷实的小康生活，农庄也能打出自己的招牌，甚至代代相传成为家族品牌。所以说，农产品质量高低，不能以经营规模大小而论，两者没有必然联系。

除了家庭作坊，我们也见到了工厂化生产制作的奶酪。在"16＋1"农业部长会议期间，立陶宛还举办了波罗的海国际农业与食品业博览会。立陶宛农业部部长陪我到各个展位参观，其中一家企业拿出一大块黄澄澄的奶酪要送给我。奶酪是圆的，像是整个用盆沉淀下来的，这是我见过的最大的奶酪。立陶宛农业部部长告诉我，这家立陶宛企业在波罗的海沿岸十分知名，产品出口到欧盟各国，很受欢迎。

后来我把那块大奶酪背回了国内，拿到部机关食堂给大家品

工业化生产的黄澄澄的大奶酪

尝。食堂的同志给我也留了两片，我带回家送给亲戚家的两个中学生，他们欢天喜地地拿走了。年轻人喜欢的东西都有市场潜力，奶酪以后在中国一定会大有市场的。

中国人不大吃奶酪，主要是因为以前牛奶少，喝鲜奶都不够，哪有多余的牛奶去做奶酪。20世纪牛奶都是要优先保障婴幼儿，先尽着孩子们喝的。

后来牛奶产得多了，但是没有吃奶酪的习惯，奶酪生产也发展比较慢。要吃奶酪，只有到内蒙古草原、青藏高原的牧民家里，才能吃到他们自制自食的奶酪。奶酪热量很高，高原牧民能在那么寒冷的条件下住帐篷甚至住深雪窝子，跟大量吃奶酪是分不开的。

不过，这都是我们这一代人的事了。新生代年轻人不必受限于物质匮乏，他们已经完全可以按自己的口味选择食物了。

奶酪受到了年轻人的喜爱，现在国内也有比较大的奶酪厂了，就在北京以南的河北新乐县，是三元集团办的。奶酪厂都是现代化的工业流水线，产品也很好，味道清淡，不膻不腻，更适合中国人的口味。我去看过一次，给了他们很大的鼓励。

格鲁吉亚：关于葡萄酒，我有四个"没想到"

格鲁吉亚位于大小高加索山脉之间，素有"上帝的后花园"美誉。格鲁吉亚虽不在中东欧，但农业资源禀赋和生产方式与中东欧国家具有一定相似性，就放到一起来谈谈我的出访印象。

以前我对格鲁吉亚知之甚少，只知道格鲁吉亚曾经是苏联国家之一，斯大林就是格鲁吉亚人。小时候我一直以为斯大林是苏联人，后来有一天苏联解体了，忽然说斯大林是格鲁吉亚人了，这让那时候的我很是感慨。

关于格鲁吉亚的另一个印象就是初中语文书里有一篇课文《第

一棵千年古葡萄树

比利斯的地下印刷所》，讲的是反法西斯战争中，格鲁吉亚被德军占领，革命者如何在一个隐蔽的地下印刷所开展革命斗争的故事，就发生在格鲁吉亚的首都第比利斯。

2015年5月的这次格鲁吉亚之行，让我对这个国家有了更多的了解，尤其是格鲁吉亚的葡萄酒让人很有感触。

关于格鲁吉亚的葡萄酒，我有四个"没想到"。

第一个没想到，是格鲁吉亚酿制葡萄酒的历史居然那么悠久。

据当地人介绍，8000年前的格鲁吉亚就已经有葡萄酒了，比西欧葡萄酒的资格老得多。格鲁吉亚拥有500多个葡萄品种，是世界上最具发展潜力的葡萄酒生产国之一。这里几乎家家都酿酒，葡萄酒对于格鲁吉亚人就像茶对于中国人一样，与生活、与文化、与历史交织并行。

第二个没想到，是格鲁吉亚人储存葡萄酒的酒窖是古老的泥窖。

当地人带我们参观了一间古老修道院里的酒窖，据说已经有上千年历史了。那是一口地下酒窖，有点像我们东北储藏土豆、白菜的菜窖。打开地面上的盖子，还有一个用布包着的木盖；打开木盖，就能看见直径大约七八十厘米的窖口，里面的窖体是用陶土修筑的。

据说这是最古老的储存葡萄酒的技术，用橡木桶储酒都在此之后。记得我在县里工作的时候，地方办白酒厂，储酒也是用泥窖，相当于用陶罐装。现在基本都用瓷罐了，像茅台酒厂、汾酒酒厂就是用大瓷缸装酒，一个缸差不多能装500～700斤酒。

格鲁吉亚古老的葡萄酒泥窖

第三个没想到，是格鲁吉亚很多酿酒厂和修道院是一体的。

基督教不鼓励人喝酒，耶稣圣餐里的酒其实是葡萄汁。当然，圣经中也有饮酒的例子，比如约翰福音中提到迦拿的婚宴上耶稣变水为酒的神迹。圣经中提到的酒就是葡萄酒，而不是啤酒和白酒，而且酿酒主要不是为了自己喝，目的主要是献祭和医病。

在格鲁吉亚的传统里，不仅教堂可以酿酒，牧师可以少量饮酒，连来做礼拜的人也可以喝一点。不但如此，而且好酒也大多是修道院酿制的，葡萄园也是修道院的最好。

我们参观修道院里那口酒窖，牧师打开盖子，用一把很长很长的勺子将酒舀上来，请大家品尝，让人不禁感慨葡萄酒文化的兼容并蓄、生生不息。

相通的味觉体验联结起各个民族，包容的文化品格又融入了不同国家独特的符号。大概正是因为如此，葡萄酒才成为世界共享的饮品吧。

第四个没想到，是格鲁吉亚人那么热爱葡萄酒。

一路陪同我的格鲁吉亚农业部部长达内利亚，向我们介绍起葡萄酒来，言谈中由衷地骄傲；当地农民展示葡萄酒时，表情也都充满着自豪。

可能更多人知道葡萄酒是法国人的至宝，但去过格鲁吉亚就会发现，格鲁吉亚人对本国葡萄酒的热爱丝毫不逊于法国。世界之大，各个民族都有自己的特长和优势，都有值得骄傲的东西。

在格鲁吉亚，我们看了不少葡萄，也品尝了不少葡萄酒。当地人吃饭也经常是喝着葡萄酒吃烤肉。有一天，天色已经很晚了我们才结束工作回到酒店，就在酒店外面的广场上，吃了一顿富有当地特色的晚餐。

那天，从酒店出来，走过一段很长的台阶，又绕过一段石头墙，眼前豁然出现一个大广场。广场上热闹极了，很多人呼朋唤友围着烤肉架子喝着酒聊着天，各种各样的肉在架子上烤得香味四溢，嗞嗞作响。在现场气氛的感染下，我也拿起肉串加入到烧烤的行列中。

广场上面有一大片平台。烤完肉之后，我们各自端着盘子到平台上边吃边聊。在无边夜色中感受生活的烟火气，别有一番暖意在心头。

格鲁吉亚有很多特色食品很有趣。在考察期间，当地人还邀请我们一起制作传统小吃。用绳子把核桃仁串起来，然后蘸上蜂蜜和淀粉做成的浆，这有点像中国的糖葫芦。做好了挂在木棍上，风干以后就可以吃了。

和当地人一起制作传统特色小吃

除了葡萄酒，格鲁吉亚的茶也引人思考。他们喝的红茶是一种半发酵茶，有点像中国的单枞。

这让我不由产生了一个疑问：格鲁吉亚的气候和环境为什么能种茶叶？中国北方大部分地区都不能种，这里为什么可以？当地人告诉我，在里海边上，有一块适宜种茶的区域，那里独特的小气候温暖、湿润、多雨，适宜茶叶生长。

格鲁吉亚的红茶和红茶文化源于一位叫刘峻周的中国广东人。他远赴欧洲来到格鲁吉亚，开垦茶园，制作出第一批茶叶。然后一

中东欧农民

家人在当地扎下了根，也把茶叶的种植技术和红茶的制作方式带到了格鲁吉亚，也因此，红茶被格鲁吉亚人称为"刘茶"。可以说，茶也是中格友谊的见证和桥梁。

仔细想来，一二三产业中我们和其他国家都有很多交流互鉴，乃至深度融合，而最具人文性、民族性、历史性的，还是要数农业的交流、互补与融合。

俄罗斯农民

俄罗斯国土总面积世界第一，但受气候条件影响，有11亿公顷永久冻土带，相当于国土面积的60%。因此农用土地资源受到一定限制，但可用面积仍有4.55亿公顷，位居世界第五。俄罗斯有世界上面积最大的黑土带，境内自东向西分布有东西伯利亚和远东南部、南西伯利亚地区、黑海沿岸亚热带地区、西北部地区和西部地区五大农业生产区。粮食作物主要有小麦、大麦、玉米、大豆等，其中小麦出口世界第一。

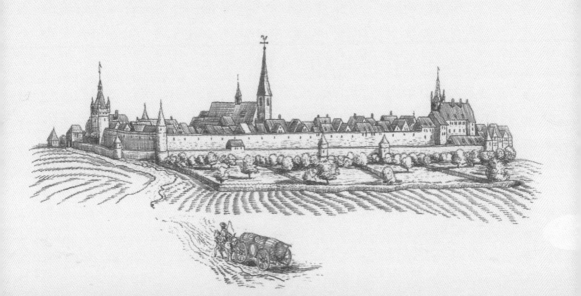

俄罗斯：与亚历山大一家相约北京

俄罗斯是我们重要的合作伙伴，也是我们的近邻，我曾去过俄罗斯几次。2017年7月，习近平主席访问俄罗斯，在两国元首见证下，我与俄罗斯农业部部长特卡切夫签署了农业合作协议。之后，应特卡切夫邀请，我从莫斯科前往喀山出席"全俄农田日"活动。

喀山这个城市我很早就知道，它是鞑靼斯坦共和国的首府，也是列宁的故乡。在喀山，特卡切夫以及俄罗斯鞑靼斯坦共和国总统明尼哈诺夫陪同我，出席了"全俄农田日"创新农工展。

众所周知，俄罗斯是一个"尚武"的民族，很多人不知道，它同时也是一个"尚农"的民族，所以才会专门为农业搞一个全国性的节日。俄罗斯横跨寒带、亚寒带和温带三个气候带，是一个耕作业与畜牧业并重的国家。世界第二大平原东欧平原，俄罗斯占了70%以上。肥沃的土地及低廉的土地成本，令俄罗斯农产品在全球出口竞争中拥有很大的优势。

"全俄农田日"在俄罗斯是一个每年都搞、全国各地都搞的盛大节日。在这个节日上，农民与城市居民共庆丰收、共享美食、共同交流，以各种方式表达对农业的感恩。

天下着小雨，我们在"全俄农田日"创新农工展上一个展位一个展位地走过去，看到农民都穿上鲜艳的节日服装，摆出最有特色的食物邀请客人品尝，处处载歌载舞，欢声笑语。一个小男孩穿着洁白的带有红袖边装饰的民族服装，现场给我们跳了一段民族舞，大家都热烈地鼓起掌来。

参观俄罗斯喀山"全俄农田日"创新农工展

那次参观也让我受到启发。世界上有很多国家在农产品收获以后，都会举办农事节庆活动，比如波兰的丰收节、美国的感恩节、葡萄牙的农业节等。中华文明有7000年的农耕历史，从古代就有庆五谷丰登、盼国泰民安的传统；中国至今还有近6亿农民，还是一个农业大国，但我们却没有一个全国性的农业节日，这有点不相称。我们国家有十几个少数民族有庆祝丰收的传统节日，如畲族的丰收节、藏族的望果节、彝族的火把节等。这些年来，一些地方也探索形成了一批民俗活动、观花赏景、采摘体验、农业嘉年华等知名品牌。这说明设立一个全国性的农业节日有意愿、有市场、有基础。

那次回国后我就着手谋划推动这件事，听取有关方面意见，向中央建议报告。在2018年5月习近平总书记主持召开的中央政治局常委会上获得批准，之后国务院发文批复，自2018年开始将每一年的农历秋分日设立为"中国农民丰收节"。这是我国第一个在国家层面上为农民设立的节日，广大农民从此有了自己的节日。

一个节日的设立，在这么高规格的会议上审议决定，可以说是十分罕见的，这体现了党中央对"三农"工作重中之重地位的重视，也有利于提升亿万农民的荣誉感、幸福感、获得感。

当年的9月23日秋分是首个"中国农民丰收节"。9月22日，习近平总书记代表党中央向全国亿万农民祝贺节日，并强调，我国是农业大国，重农固本是安民之基、治国之要，希望广大农民和社会各界积极参与中国农民丰收节活动，营造全社会关注农业、关心农村、关爱农民的浓厚氛围。

2019年6月，我再次来到俄罗斯，访问了伏尔加格勒。这是一座位于东欧伏尔加河畔的城市，它曾经的名字对中国人来说可能更为熟悉，叫作斯大林格勒。了解历史的人都知道斯大林格勒保卫战，苏联人民浴血奋战，击败了德国法西斯，成为第二次世界大战的转折点。所以，人们都向往到这座英雄的城市去看看。

伏尔加河流域是俄罗斯的主要农业区。伏尔加格勒坐落在伏尔加河下游平原上，在此察里津河汇入伏尔加河，向西不远处就是顿河流域。这里气候宜人、水源充足、土地肥沃，历来被称为俄罗斯的"南部粮仓"。

一大早，我们坐了一个半小时的车，到卡拉切夫区的顿河农场调研。这家2004年成立的农场，有2万公顷种植基地和4000头奶牛、肉牛，是伏尔加格勒州最大的牛奶生产商，养牛场的现代化程度也很高。

接待我们的农场主叫亚历山大。我问了他很多问题，包括冬小麦和大豆种得怎么样、饲料青贮怎么做、肉牛饲养、鲜牛奶储存销售、有没有补贴等。他很热情地一一回答了我，还告诉我说，他的所有农业投资都享受25%的补贴，农业贷款都是两分利息。我边听边想，俄罗斯的农业补贴比我们的力度大。我们目前购买农业机械补贴比例能达到30%，但像建猪场、建冷库等这些农业设施建设都是没有补贴的，贷款利息也没有专门的政策。

亚历山大还告诉我，农场很注重农产品的质量，已经打出了自己的品牌，生产也是种养结合的模式。我建议他多与中国同行交流合作，大家可以互补共同发展。

亚历山大热情地回答我的问题

俄罗斯农业资源丰富、发展潜力巨大，是我国深化农业对外开放、开展"一带一路"农业合作的重点区域。两国政府都高度重视中俄农业合作，双方农业部部长几次签署关于加强农业合作的谅解备忘录，在农业科技、农业投资贸易、动物卫生和植物疫病防控等领域进行了全方位务实合作。

接着，亚历山大又带我们去看他的大豆田。我们边走边聊，我问他今年年景好不好、他们种植大豆的技艺、预计收成等。

走着聊着，我发现豆田里有棵杂草，就随手拔了起来。陪同我们参观的俄方人员和亚历山大看我动作这么自然熟练，都觉得惊讶。我说："亚历山大，我就是一个农民，和你一样只要看到庄稼长得好，我就非常高兴。没有比农民丰收更让我高兴的事了！"

这番话一下子拉近了双方的距离，亚历山大非常感动，执意邀请我到他家做客。本来访问计划里没有这项，但我知道，俄罗斯人邀请客人到家里做客是最亲近的表达，于是就高兴地同意了，和翻译坐上了亚历山大自己开的吉普车，往他家的方向开去。

他的家在一条人工河旁边，房子面朝河流，还专门修了一个小码头。亚历山大告诉我，这是连接伏尔加河和顿河的一条人工运河，有了河水灌溉，才有了两岸肥沃的土地。

和亚历山大一家在一起

车停在河边，穿过一个花园庭院才到他的家。一到家门口就看到，刚刚接到丈夫电话的女主人已经带着家人换好节日服装，都站在门口等我了，让我觉得很亲切。

女主人兴致勃勃地带我参观了他们的家。二层小楼里，房间窗明几净，干净整洁。桌子上铺着雪白的桌布，摆着五颜六色的花，还有来自中国的小摆件。

时时处处的细节都体现着女主人追求美好生活的态度，又或许可以说，整洁优美的环境颐养着一家人的审美追求和审美品位，也塑造了他们热情开朗、乐天向上的精神风貌。

环境是可以影响人的。就像浙江的"千村示范、万村整治"工程，开始时可能只是垃圾收集、卫生改厕、河沟清淤，但是随着环境一天比一天整洁，慢慢人们的精气神就不一样了；而人心凝聚了，乡风民俗的积淀开始苏醒，乡土文化的根脉获得滋养；再到后来，寻找乡愁的城里人来了，乡村游发展起来了，村民收入也跟着涨起来了。

所以说，环境的影响最开始可能是单方面的，但它用其自在的逻辑，潜移默化地影响着人们的生产和生活。我们从2018年开始在全国推进农村人居环境整治工作，推介浙江经验，所因正是在此。

女主人还带我参观了宽敞明亮、功能完善的厨房，十分自豪地说，她喜欢做各种美食，这里全都是她本人设计的。这个时候，他们五岁的小外孙女蹦蹦跳跳地跑出来，有点害羞，但是很友好地用中文和我们打招呼。

我搂过小女孩，对女主人说："我也有一个小外孙女，年龄和她差不多大。欢迎你们全家到中国北京去，我邀请你们到我家做客，相信两个小女孩会很快成为好朋友。只是请你不要告诉我的妻子你有这样一个大厨房，她一定会嫉妒的。"一番话让大家哈哈大笑起来。

我把中国农民丰收节的纪念品当作礼品送给亚历山大一家，祝他们今年取得大丰收。他们很高兴，女主人马上把礼物摆到了客厅最显眼的位置。

天黑了，我们只能依依不舍地道别了。我想，这份美好的友谊会始终记在我们的心头。

北美农场主

　　北美大陆被称为"上帝偏爱的土地"，真是一点也不夸张，那里沃野千里，风调雨顺，农业资源十分富饶。一马平川的土地造成了北美农业的另一个特点，就是"大"。农场面积大，机械化程度高，包括经营组织的规模也不同于欧洲国家的小农合作社，北美都是全国性的产业协会。在北美我访问了美国、加拿大两个国家，来看看全球最典型的现代化大农业是什么样吧。

美国：既会开收割机又会做期货买卖的大农场主

2015年9月，我前往美国出席在华盛顿举办的中美农业创新战略对话论坛，会后去考察了一个典型的大农场。

那是在马里兰州科尔多瓦地区一家叫康塞尔的家庭农场。正值玉米和大豆收获时节，农场主菲利普·康塞尔正开着大型收割机在地里忙着收大豆。

收获季节，康塞尔开着大型机械收获玉米和大豆

在康塞尔的邀请下，我登上收割机，跟着他一起到地里收大豆。收割机的一个车轮就有人那么高，轰隆隆地响着，张开十几米宽的"长臂"把大豆"吞"进去，所过之处，大豆收得干干净净。收割机还可以一边脱粒，一边将秸秆打成捆或者粉碎还田。康塞尔告诉我，这台收割机一天能收60 ~ 80公顷大豆。

农业机械对提高劳动生产率功不可没，这样的美国大农场，没有大农机简直不可想象。对我们国家的农业也是一样，随着生活水平提高，人口城市化步伐加快，农业用工费用也在逐年提升，现在一天的人工费少说也有100多元了，机械化也是我们发展现代农业的必由之路。

说到现代农业，当然也有高附加值"小而精"模式，不过更为典型的还是像美国这样的大规模农场、大机械作业模式。现在，我们黑龙江农垦的大农场也已经走上了这条道路。大马力的拖拉机在茫茫原野、万亩平畴上驰骋耕耘，有的还装上了导航系统，有专用卫星为其定位，可以实现无人作业。这是现代科技对农业生产力的巨大推动，工业文明对农业文明的卓越贡献。

和康塞尔交谈时，我印象很深的是他对中国市场的关注，想想也可以理解，大豆是美国第一大农产品出口品种，中国又是美国最大的大豆出口市场，每年美国大豆总产量的两三成都出口到了中国。美国很多农场主的大豆，可以说主要是为中国种的。这也是美国农业的一大特征，典型的贸易型农业。

即将收获的大豆田

我们国家大豆进口量比较大，每年从巴西、美国、阿根廷等多个国家进口大豆，2019年进口总量达到8551万吨。进口这么多大豆，一方面是食用油的需要，中国人做菜喜欢煎炒烹炸，油用得就是多。家里做饭还能注意少放油，餐馆为了让菜的口味好，油用得太浪费了，比如水煮鱼上面浮着一层油，其实也不利于健康。另一方面是豆粕的需要。随着人们生活水平的提升，肉类消费量增长迅速，养殖业发展很快。不论养猪还是养牛，都需要植物蛋白质，豆粕是全球最优质最稳定的植物蛋白质来源，因此我们豆粕需求量也在逐年增长。

也有人说，我们为什么不能自己多种点大豆，减少进口？我们也在搞"大豆振兴计划"，着力增加大豆生产，这几年大豆面积和产量逐年增加。但是土地就那么多，玉米也是我们主要的饲料作物，玉米和大豆有替代关系，在有限的土地上种大豆就种不了玉米，种玉米就种不了大豆。我们国内的耕地资源有限，面对一个开放的国际市场，要顺应在全球配置资源和全球市场竞争这一趋势，发挥优势，扬长补短。因此，对我们来说，就是要在牢牢守住"口粮绝对安全、谷物基本自给"的前提下，利用两种资源、两个市场来解决一些缺乏竞争力或者资源紧张、环境约束的产品供应。当然，我们国家农业也有自己的优势，出口的主要是基于科技创新、劳动密集的产品，而非依靠土地资源的产品，比如水果、蔬菜、水产，都是我们的出口强项。

后来我的同事在2018年又去过这家农场。当时受中美贸易摩擦的影响，大豆价格大跌。我同事问康塞尔是不是损失很大，他说并没有。因为年初就听到一点风声，预感到大豆价格会跌，康塞尔马上买了大豆期货，而且买的比自己种的还要多，所以价格跌了之后他反而赚了。

虽然康塞尔的市场意识让我印象很深，但买期货这件事还是给我很大触动。美国的大农场主，不但在生产方式上实现了机械化、现代化，而且学会了运用金融手段来规避价格波动风险。

当然，我们现在职业农民也多了起来，他们懂农业、规模经营、关注市场，是未来农业生产经营的中坚力量，要设身处地解决他们面临的问题，扶持他们向前发展。

康塞尔农场不光搞种植，同时也做一些农旅项目、农业教育。我们去参观的时候，看到丰富而有趣的农产品展示、小型贸易集市，还有一些休闲农业项目。

小型农贸集市上，丰富的农产品吸引了很多游客

此外，我还访问了美国路易斯安那州圣詹姆斯郊区的一家农场。农场主格雷格·格拉沃斯向我介绍，这座农场占地大约1400公顷，传承到他手上已经是第三代了。

站在农场的甘蔗园里放眼望去，甘蔗无边无际，直指蓝湛湛的天空。清风吹过，甘蔗叶摇动发出有节律的沙沙声。

这就是北美大农场给人的直观感受。不过我们在考察中发现，

北美农场主

美国也不全是像格拉沃斯一样，家族传承就有这么多土地的。像康塞尔农场，就有很多土地是流转来的。土地流转在美国是一个普遍现象，农场之所以大，一方面是农场主本身所有的土地规模就大，另一方面也离不开土地流转。

相比美国的"人少地多"，我国则是典型的"人多地少"，不但少而且很多碎片化，有的地方还是"巴掌田""鸡窝地"，"青蛙一跳过三丘"。国情农情决定，我们很难像美国那样发展大农场、超大农场，但同样，我们也可以走土地流转的道路，通过土地"三权分置"改革，实现土地适度规模经营，这是适合我国农业未来的发展之路。

在交谈中，格雷格也很关心大豆在中国的进口情况。他告诉我，中国市场对他来说意义重大，希望中美两国保持良好的贸易关系。我对他说，农业不同于其他产业，全球气候变化无常，即使是在今天，农业也仍然存在较大的自然风险和市场风险。中美两国的农业资源、市场有很大的互补性，应当加强合作，农业合作双方可以互利。

我这次出访还去到了美国南部的新奥尔良，那里是美国大豆的主要集散地和出海口。从港口坐上船，沿着密西西比河参观港口设施、仓储等。在港口看到美国嘉吉公司的大豆正在装船，当地人告诉我，那船大豆是出口到中国去的。我们看到大豆都是散装进船里的，没有一袋一袋的包装。这也是美国农产品运输的一个特点，从农场收获开始，一个大豆收割机后面通常会跟着一辆仓储车。收割机边收边脱粒，大豆便从长长的管道中喷涌而出，直接装进车里。车拉回去，再直接"喷"到谷仓里，大大节省了包装成本和搬运成本。

美国农业的产业链高度分工，社会化服务十分发达。肥料、农药、农机维修全都有专业的社会化服务，连储存都有代储服务。数据显示，平均每个从事农场生产的农民就有2个人在为其提供农用生产资料服务，有7个人在为其提供农产品的加工销售服务。所以，说美国1个农民养活了100个人也不准确，据有关方面统计，美国从事农业及关联产业的就业份额近15%。

欧洲、亚洲包括我们国家的合作组织，一般都是合作社，几家或者几十家、上百家农户联合起来，抱团搞一个合作社。美国则不一样，他的农场规模本身就很大，再搞合作社"包"不住，所以他们就搞产业协会，很多协会都是全国性的，比如大豆协会、谷物协会、肉类协会、养猪者协会等。协会服务于全国的农场主，对外代表整个产业去向国家争取政策和补贴、向国外推销农产品。

以美国大豆协会为例，这个成立于1920年、有百年历史的协会，会员有3万多名，遍及美国29个州，实力和影响力都很强。协会在海外设有14个办事处，其中包括北京和上海。

我想，美国能产生这样全国性的产业协会，一方面是因为它的农场规模大，另一方面，也是强劲的贸易导向催生产业集中度和话语权的需求。

我们在科尔多瓦地区还参观了一个规模要小得多的农场——三溪家庭农场，农场主叫泰勒·斯皮斯。这家农场以休闲农业为主，种植葡萄等水果，很多游客带着孩子在这里体验农事、做农业科普教育。

我记得农场里有间像酒吧一样的屋子，一进门的拐角处摆了一排吃的，游客玩累了可以在这里吃饭。还有现煮的玉米，就在酒吧旁边一个像大仓库一样的棚子里，摆了几个锅现场煮玉米。煮好后，游客就可以自助拿来吃。

在农业文明时代，人类和大自然有更多更密切的生产生活往来。中国古代哪怕是不怎么从事农业生产的贵族，也会通过学习《诗经》等经典，以达到"多识于鸟兽草木之名"的目的。现在很多人离农业越来越远，"五谷不分"的现象并不罕见。

事实上，古代农业文明中的很多理念，比如人与自然和谐相处的精神，比如注重绿色循环的生产模式等，这些东西永远不会过时，而且可以很好地滋养工业文明和现代文明。

加拿大：老农场主奥尔布莱恩为后继乏人发愁

2018年10月，我访问加拿大期间，考察了种植油菜、玉米的农场。

加拿大农业整体观感和美国差不多，也是大农场、大机械，让我印象很深的是农作物的种植密度。我在农场看到的油菜，植株都不高，挤挤挨挨密不透风的；玉米更是明显的细秆、小棒、密植，估计1亩地约有5000株的样子，平均比我们多了20%以上。

在北美农场，密植的优势十分明显。可以说，北美大豆、玉米高产的一个重要原因就是密植。当然，密植不是简单地增加植株数量，背后必须有一系列的科技支撑。例如，要有专门的耐密植品种，要有可以抗杂草、抗虫害的生物技术等。

这些年，耐密植品种也是我们国内育种研发的方向之一。在玉米育种上，紧凑型和平展型是两个不同的科研方向。紧凑型，多是小棒密植，追求穗数，玉米单穗小，但群体产量很高；平展型则主要是高秆大棒稀植，追求每穗玉米个头大，但是不耐密，整体穗数少。围绕这两大方向，几十年来我国育种家们也曾经历了多轮选择。紧凑密植型的玉米产量高，特别是秆细穗匀，适于现在的大机械收获，成为目前玉米育种的主流方向。

现在，我国自主研发的品种也有耐密植品种，在东北地区、华北平原也有每亩株数在4500以上的品种。不过，适合的才是最好的，密植不但需要适宜的品种，也需要田间管理上的一系列变革，要和本地的地力条件、田间管理水平相适应。

因为中国从加拿大进口牛肉，我提出去看一个养殖场。考察的这个养殖场大概有160多头牛的规模，基础设施说不上多先进，牛棚是半露天的，就像一个个放倒的圆桶，冬天会做一些遮风保暖的措施。

肉牛养殖场说不上多先进，不过高效务实

农场主叫奥尔布莱恩，已经有些年纪了，不过很健谈，给我介绍他们健全的服务体系和防疫体系，农场聘的女兽医也走过来，加入了谈话。她是一位执业兽医，获得国家的执业许可后，凭专业水平和工作能力在市场上找工作。她受聘于农场，向农场主负责；而农场主则把专业的事交给专业的人去做，不用再担心疫病防控问题了。

奥尔布莱恩还带我们去看农场的饲料厂、母牛产房，在那里我们还看到了刚出生的小牛。养牛产业链上的事农场主几乎什么都懂，连母牛接生都会。这既是源于热爱，也是出于无奈，养牛场也面临着后继无人的问题。奥尔布莱恩告诉我，他的妻子在镇上一家商店里卖服装，不愿意跟他一起养牛，孩子们也不愿意回来干这个活。

欧美国家从事农业的老人和我们的农村老人观念也不一样。中国农民没有退休概念，干到干不动了为止；欧美人是到一定年龄就真不干了。奥尔布莱恩就是这样，其实他现在也不想干了，但是没人接班的话，只能卖掉养殖场或者租给别人，他又有点舍不得。

奥尔布莱恩也在发愁后继无人

这也引发了我再一次思考。加拿大农业是规模农业，效益可观，连他们都面临着无人接班的问题，证明农民老龄化、农业后继乏人确实是个世界性的问题。

在中国，这个问题怎么解决？将来要靠谁来种地、谁来养猪、谁来振兴乡村？我认为有两条路：一条路是适度规模化，通过高水平的机械化生产及社会化服务，提高劳动生产率；还有一条路是搞装备农业和劳动密集型农业，通过精耕细作和现代科技手段，提高土地收益率。种地、养牲口收益高了，环境好了，没那么苦累了，就能留住人、招来人。

从目前看，国内奶业的机械化水平已经很高了，畜牧业也在往这方面发展。可以说，当前我国畜牧业的现代化水平总体比种植业要高，当然这也是被逼出来的。我想，未来种植业的规模化、机械化水平也会越来越高的。

不管是哪条路，农业要解决后继乏人问题首先还是要解决产业效益偏低问题。当然，粮食等重要农产品价格必须保持稳定，这是首要条件，但是在稳定的前提下，我们也要对农产品价格适度上涨有一定的心理预期。毕竟，随着发展水平的提升、发展方式的转变，劳动力成本在增加，环保成本、畜禽防疫成本等也在增加，农产品特别是畜禽产品和园艺产品价格适度上涨，将是不可避免的趋势。

以猪肉为例，根据2020年8月的统计：每出栏1头猪，防疫成本增加130元，粪污处理的生态成本增加50元，仅这两项摊到猪肉价格上每公斤就是1.6元，所以猪价不可能再回到以前的水平了，那样的价格就没人愿意养猪了。

说到养猪，我们也考察了一家叫奥利梅尔的养猪企业。这是一家在加拿大比较大的猪肉和禽肉生产企业，年生猪养殖规模有786万头，年加工能力接近千万头，家禽加工能力超过1亿只。奥利梅尔的全产业链生产和品牌化经营挺有特点。公司有三个品牌，其中奥利梅尔主打产品为冷鲜切割猪肉、培根、香肠、进口熟食等，火烈鸟主打产品为无麸质肉、鸡翅、烧烤肉串、鸡肉汉堡等，拉弗勒主打产品为火腿、香肠、熏肠、冷盘等，生产机械化、管理信息化程度都很高。

近些年来，我国的养殖及加工企业已经慢慢"强起来"，规模、装备、技术水平也已今非昔比，现在也应该有意识地"走出去"，打品牌。唯有如此，才能进一步提升综合实力，增强国际竞争力。应该说，加拿大这家养猪企业的一些管理经营模式，是值得我们借鉴的。

南美农场主

南美洲是陆地面积第四大的大洲，陆地面积1784万平方千米。安第斯山脉几乎纵贯整个南美洲西部，安第斯山脉东部就是面积广大的亚马孙河盆地，超过700万平方千米，大部分地区都是热带雨林。巴西、阿根廷、乌拉圭和智利位于南美洲的南部，土地肥沃，是世界上最重要的农区之一。

巴西：合作社带动小农户与现代农业有效衔接

我首次访问巴西是在2010年11月，那也是我第一次去南美洲。那次的行程十分漫长，从北京飞到上海，从上海飞到圣保罗，抵达圣保罗当天又直接赶到巴西的首都巴西利亚。进了酒店房间我看了看时间，历时整整34个小时。

巴西的地区发展很不均衡，最好的土地在南部和东南部，那里一些大农场的资源条件非常好，土地肥腴，水草丰美。我在东南部巴伊亚州看到了高度现代化的农场，也在北部亚马孙州看到传统耕作的小农户，有恍如隔世之感。

巴西有很多土地没有开发，早期是欢迎外国投资的。但是后来，由于各种原因开始采取措施，限制外国人大面积购买土地。

巴西一望无际的大豆田

土地是一个国家的根本。农业领域的投资合作，简单买地建农场的方式既敏感，也不可持续，要着眼于拉长产业链，实现互利互惠、融合共赢。

特别是到了圣保罗、里约热内卢，或许还会对巴西人害怕失去土地的担忧理解得更深刻、更直观一些。

圣保罗是巴西最大的城市，也是整个南美洲最大最繁华的城市，然而与光鲜亮丽外表形成巨大反差的，是城市里伤疤一样存在的贫民窟。里约热内卢的地标性景点基督山，从电影镜头里看过去华美而圣洁，但就在基督山对面，就是巴西最大的贫民窟，连片的火柴盒子一样的房子里住着几十万贫民，远看像"海景房"，近看是"纸牌屋"。

贫民窟里打架斗殴、盗窃吸毒什么都有，卫生环境十分不堪，医疗教育近乎是不可能的事。我在圣保罗访问时提出要去看一下，但是当地陪同人员怕出意外怎么也不同意。后来协调半天，才勉强同意开车带我从贫民窟一角经过看一下。里面遍地垃圾，房子大都是"木板房""纸壳房"，还有的人就睡在垃圾箱里。好在巴西常年不冷，不存在过冬问题。

他们大部分都是失去了土地的农民，从家乡来到大城市寻找机会，但在城市仍然无法扎根，慢慢聚集形成了贫民窟。

看着这令人瞠目的生存条件和社会问题横生的生存方式，我不由地感叹，一个国家的稳定，一定离不开农民的安居乐业；一个国家的繁荣，一定离不开农村的同步发展。

这些年来，我国农业发展日新月异，农村改革发展稳定势头良好，农村居民收入持续快速增长。这些看似是"三农"本身发展成就，实质是对国民经济、政治社会的全面支撑。

贫民窟形成的最大症结就在于土地。在实行土地私有制的国家，土地集中度越来越高，大量农民失去了土地，无所依靠，产生一系列社会问题。比较起来，作为人多地少的国家，我们实行的是家庭承包经营制，这一农村基本经营制度是符合我国国情的，好处也很多。其中最大的好处是，农民家里有块地，进退有据。形势好了，农民可以进城打工赚钱；形势不好，退回到土地上，也不至于没饭吃、没屋住。所以，有了这块地，农村社会的稳定就有了一块可靠的基石。

但是，农业总要走向规模化，至少是适度规模化，这是农业现代化的发展方向。既要规模化又要农民不失地，这个问题不是矛盾的吗？怎么来解决？这就要说到我们国家在土地上的一个重大制度创新了，就是土地"三权分置"。

土地"三权分置"是指土地的所有权、承包权、经营权分置，"明确所有权，稳定承包权，放活经营权"，这里的核心要义是明确了经营权的法律地位和权能。换句话说，就是农民可以自由流转承包的土地，但流转的只是经营权，所有权、承包权不变。这样，农民一方面可以从土地流转中获得收益，另一方面也不会出现"失去土地"的情况。

土地"三权分置"在世界土地制度史上具有非凡的意义，为国民经济发展提供了有力支撑。它既解决了劳动力自由流动问题，又为极端情况留足了后路。中国近3亿农民工像潮汐一样在城乡之间流动，进可攻退可守。当经济形势不景气，工厂开工率不足时，农民工暂时退守土地，让实体经济休养生息；当经济向好，工厂开足马力生产时，他们又第一时间回到城市，为繁荣发展贡献力量。可以说，正是土地"三权分置"造就了农民工这个独特变量，让中国经济体避免了大起大落，始终保持稳定。

回到巴西，从巴伊亚州我又来到北部的亚马孙州，才发现，巴西农业的南北差距有天壤之隔。

亚马孙州靠近赤道，在州首府马瑙斯附近的一个村庄，房子都是草木结构的，墙壁就是抹了点泥，看起来很简陋。村民葡语讲得不太好，就像我们一些少数民族村落也不大讲普通话一样。村民还给我演示了极为传统的捕鱼方式，整个村庄的农业还像处在刀耕火种的阶段一样。

当然，这个村子是一个展示古老印第安文明的旅游村庄，不过，巴西北部农业总体发展水平确实不高，耕地也不多，以稀树草原和热带雨林为主。

在北部看农业，你会觉得困惑。巴西农产品出口量那么大，光向中国就出口大豆、原糖、鸡肉、牛肉、猪肉等，依靠这么落后的方式怎么能种出来、养出来？这里到很多国家距离遥远，交通也不便利，农产品是怎么运输出口的？

后来才发现，巴西农业两极分化十分明显。规模大、实力强、现代化程度高的农业主要是有大企业支撑，其中也引进了很多外资企业，包括中国的企业。其出口农业是典型的"公司＋农户"模式。

一家一户的小农户是搞不了现代农业、走不进国际市场的，农业发展还是需要依靠现代化的组织方式来带动，这是当前这个阶

参观巴西农户的玉米田

段的不二选择。当然，这种组织方式不一定是企业，还可以是合作社。

2015年5月，我再次到巴西访问，在南部地区，考察了巴西帕拉纳州LAR农工合作社及社员家庭农场。

创立于1964年的LAR农工合作社，是巴西第三大农业合作社。现在有社员9697名，雇员7301人，涉及的产业包括玉米和大豆的种植、粮食仓储和物流运输、饲料加工、养鸡、食品加工、零售等很多方面。

我参观了农户德奥里维拉的玉米种植园，又走进农户索拉涅家看她的厨房，然后又参观了合作社的养鸡场和加工厂。

索拉涅家的厨房整洁卫生

养鸡场也是社员分散经营的，一个个家庭养鸡场围着加工厂分布在周边。车一路经过，合作社负责人一路指给我看：这个鸡场有10万只，那个鸡场有20万只。鸡场都掩映在茂密的林木中，这些林木可以起到天然的防疫屏障作用，又降低了鸡场的异味。

我们还参观了鸡肉加工厂。工厂的规模很大，每年能加工300万只鸡。工厂也是合作社办的，养鸡户都是股东。

世界各个民族风俗习惯不同，就形成了互补的市场。鸡杂在欧美可能被当作"垃圾"，还需要缴费处理；而在我们国家饮食习惯中，鸡杂可以做出很多种菜，是受欢迎的美食。因此，世界各国之间开放合作，消除壁垒，对大家都有好处。

在参观中我感觉，虽然加工厂的设备也很先进，但真正宝贵的是合作社的运行机制真正让农民参与进来了。这也是我一直关心的一个问题，公司、合作社怎么和小农户利益联结？

合作社负责人告诉我，他们也是采用"公司＋农户"模式运行，只是公司是合作社办的，所以实质上还是农户的。就像我们所看到的，养鸡场是农户各家自己办的，同时每家拿出一部分资金，共同成立一个合作社。合作社统一管理养殖过程，包括统一提供鸡苗、鸡饲料，统一进行防疫等。合作社开办了加工厂，农户鸡出栏后统一送到加工厂加工和销售。最后，加工厂盈利以后，农户再参与分红。

在一些大的农产品出口国家，合作社办农场、办加工厂都是普遍现象。在我们国家，发展农民合作社和家庭农场这两种经营主体也是当前的主要方向，在合作社、家庭农场的基础上，将来也可以联合起来成立公司搞加工、搞销售、打品牌，这是未来的发展方向。

关于小农户与现代农业如何衔接，也存在一些值得关注的问题，在一些国家和一些地区的发展中已经有所体现，需要我们研究和解决。

一是衔接的模式不能单一。像巴西、法国这些国家都有好几种模式，中国这么大一个国家不可能只有一种模式。不可能都是小农户，也不可能都搞合作社，更不可能都办企业。不能一说到农业现代化就必须企业化，包括"按照工业办法搞农业"这样的说法也是

南美农场主

值得商榷的。发展农业可以借鉴工业的一些理念、思路，但是做法未必可以照搬。

目前国内按照工业办法搞农业的只有一个产业，就是奶业。中国的奶业主要以企业为主体，在产业链前端养奶牛、办大型牧场；中端收奶、加工；后端做销售、办直营店。因为奶业集中度很高，所以这种模式适用。

但即使是奶业，也不可能覆盖到全产业。比如牛奶，岭南地区消费者喝牛奶需要长途运输和长期保鲜，所以需要利乐包包装，需要大企业生产；而在青藏高原、内蒙古就没必要，鲜奶直接就煮着喝了。再比如奶酪，北京首农集团工厂化生产奶酪，草原牧民家里手工也做奶酪。我们吃牧民自家制的奶酪觉得有点膻味，牧民吃工厂化生产的奶酪也会觉得没味。中国那么大，小规模生产还是有必要的，所以农业不能一刀切，不能完全整齐划一，这是一个重要原则。

二是要让农民参与进来。有些地方工商资本进来了，产业园、加工厂建起来了，产品也卖出高价钱了，却没有农民什么事了。还有的地方搞合作社不规范，农民只拿到流转土地的租金，所谓"吃干的"，但是承诺的合作社利润二次分红，很多没有兑现。农业现代化了但农民靠边站了，这不是我们要的现代化。中国必须是农业、农村、农民"三农"问题一起解决。不能解决了农业问题，恶化了农民问题，这是我们的原则和底线。

当然，小农户发展农业确实也有一些难题，比如小农户生产的产品安全监管问题。这个问题也不能说没有，但并不是一说提高质量安全，就必须把小规模作坊清理掉。我访问的这些国家，看到了很多家庭作坊式生产的农产品，受到很多启发。比如立陶宛一个老太太家的羊奶酪，羊是她自己养的奶羊，奶酪是自己做的羊奶酪，品质很好，老主顾、回头客也很多。波兰农户自己家里养猪，做的火腿、香肠就摆在家门口的一个大橱窗里，卖给当地人和周边的熟人。

　　我们的一些小作坊出现了产品安全问题，要想办法加强监管、加强培训，帮助他们提高认识、提高素质。不能因为技术层面的事，就否定了小作坊本身。中国哲学讲"道"和"术"，如果把小作坊全部关停，就是典型的以"术"害"道"，以战术不足去否定方向和道路。更何况，中国小农户众多，规模化、企业化一定是需要一个漫长的历史过程，我们要有历史的耐心，不能搞"一刀切"。

阿根廷：想把更多农产品卖到中国

阿根廷也是地理大发现以后新移民开发的土地，和北美一样，特点是地广人稀，农场规模普遍比较大，常常车开出几十公里还在广袤的田野上，还看不到新的人家。

阿根廷农牧业发达，土地上产出的农牧产品远远高于本国需要，大量用于出口，是典型的出口型农业。阿根廷土地资源丰富，潜力很大，可以说只要有市场，还可以种出更多粮食。

我每次去阿根廷都会去看农场，其中印象深刻的一个农场叫共和国庄园，就在距首都布宜诺斯艾利斯六七十公里的地方。

一走进庄园就看到，灌木和草坪修剪得整齐美观，到处蓊蓊郁郁、景色优美。远处平坦而广阔的土地上绿草葱茏、树木繁茂，牛羊马儿悠闲地在那里吃草。庄园里水域丰富，如镜的湖泽上，成群的鹅和鸭子在戏水，荡起阵阵涟漪。穿行其间，不像在农场，倒像是置身于一幅巨大的风景画中。

美丽的阿根廷共和国庄园

农场主莫内塔告诉我们，农场面积有几万亩，农牧结合、以牧为主，目前畜养了牲畜近万头，培育了许多优秀种马和肉牛品种等。说着，他还把农场的优质种牛牵出来让我们参观。

　　那天的工作餐也是在农场里吃的，莫内塔为我们安排的是极具南美风情的烤肉。宰杀的牛羊经过简单处理以后，就这样整扇地展开铺在铁架子上，带着皮和肉架在炭火上烤。烤熟了，主人用刀分割开，连着骨头分成小块给客人品尝，充满了质朴的风味，让人难忘。

极具南美风情的阿根廷传统烤肉

　　吃饭的时候，农场还在庭院的草地上安排了精彩的农家风俗演出，展示当地的马术、歌舞等具有民族特色的表演。

　　一边参观，我也一边在思考：我们国家也是一个农业大国，具有深厚的农耕文明和丰富的地域特色，我们能不能也打造一个有代表性的农业表演活动呢？就放在京郊某个农场，平时城里人可以带着孩子去观看和体验，增长见识、寻根探源；有外国元首来访问时，也可以让他们了解我们的传统农业，体会中国人敦厚亲善的文化秉性。

阿根廷十分重视与中国的关系，两国农业部门往来也十分密切，我每次去访问都受到热情接待。

记得2010年11月，我第一次访问时去了罗萨里奥。罗萨里奥据说是阿根廷第一面国旗升起的地方，位于世界最富有的三大粮仓之一——潘帕斯大草原的中心。这里是阿根廷最主要的农业区，就像美国的密西西比河流域一样，这片拉普拉塔河的冲积平原土地富饶、物产丰富，盛产玉米、大豆、小麦等农作物。

我受邀在罗萨里奥粮食交易所发表演讲，谈到中阿友好合作，介绍中国的国情和农业时，现场响起热烈的掌声。阿根廷向中国出口大豆，近几年年均出口670万吨左右，占其产量的近13%，约占出口量的86%。除此之外，还向中国出口牛肉、葡萄酒等。因此，在场的200多名农场主对我的到访表现出极大的热情。

阿根廷人总说，他们还有很多土地没有开发，中国需要进口什么他们就可以种什么。

对我们国家来说，适度进口也是需要的。像有些农产品品种是结构性需求，有些我们没有太大竞争优势，有些是国内资源环境的弦已经绷得太紧，在这种情况下，适度进口可以调剂余缺、丰富品种，确保资源环境可持续，对进出口双方都有利。

但进口只能作为调剂和补充，决不能依赖进口，我国粮食安全必须靠自己解决，这一点始终都要保持清醒的头脑。我们国家的粮食安全战略是"以我为主、立足国内、确保产能、适度进口、科技支撑"二十个字。目前，我们水稻、小麦两大口粮作物已经做到100%自给，玉米等谷物也实现95%以上的自给率，可以说中国人的饭碗已经牢牢地端在了自己手上。

在访问阿根廷第三大城市——位于拉普拉塔河中游的科尔多瓦市时，我们一行人同样受到了很高的礼遇。我看到河边停满了船只，沿岸建了很多储存粮食的仓库。当地人告诉我，阿根廷对外出口的大豆就在这里集散，顺着拉普拉塔河出海。

2014年那次访问，我又去看了一家农场，阿根廷农业部部长多明格斯一直陪同我。听说我想去看农场，他告诉我，农场大多离首都比较远，他需要去协调一下。后来，专门安排了一架能坐十几个人的小飞机一路跟着我们。

坐着小飞机，我来到一个叫圣尼古拉斯的农场。飞机停在附近一个简约的小机场上，农场主伊格纳西奥正在那里迎接我。

伊格纳西奥的年纪比我大得多，学历却不低，大学农业专业毕业，是一位专家型农民。我先到他的麦田参观，广阔的大地上麦子

伊格纳西奥如数家珍地跟我谈论小麦种植技术

整齐划一，一望无际，伊格纳西奥如数家珍地跟我谈论着小麦种植技术。阿根廷农民多是这种知识水平较高的职业农民，大学毕业主动从事农业的人并不少见。

看完农场，我们来到伊格纳西奥家里。他家房子是18世纪欧式建筑风格的，以木质结构为主，屋里的陈设也古色古香，让人感觉像是在欧洲。房子很大，伊格纳西奥告诉我，他家是一个大家族，不过现在很多支都已经举家搬进城里了，只有他和一个儿子一家还住在这里，经营着农场。

院子里有棵粗壮茂密的大树，下面摆了一张长条桌，我们围桌坐着继续交流。在太阳底下时还感觉很晒，金光耀眼，一坐进树荫里就立刻感到凉风沁人、心旷神怡了。这也是长年在地里耕耘劳作的农民最享受的时刻吧。

伊格纳西奥告诉我，他的祖上是从意大利移民到阿根廷的。最先是搞牧场、养牛养羊，后来开始开荒种地，到他已经是扎根阿根廷的第五代人了，祖祖辈辈一直都在做农业，现在经营着3000公顷土地，主要是家族传承下来的，也有一部分是流转租来的。农场以种植小麦为主，也有一部分大豆，收获的产品主要用于出口。

伊格纳西奥把农场经营得有声有色，院子里还有农机库房、粮食储藏库房等。农场雇佣了一些工人，都是当地人，雇主和工人生产生活在一起，如同朋友和亲戚，有的几代人为一家农场工作。这也是这类大农场的一个特点。

阿根廷、巴西都是农产品出口大国，与我国农业互补性强、合作意愿强烈，是我国大豆、肉类的重要进口来源地。访问南美国家回来后，我强化了一个认识，那就是中国农业要"走出去"，要与这些国家合作，把他们的农业资源与我们的生产能力、广阔市场连接起来，互补互利。

中国是最大的农业生产国，很多产品都是世界第一，装备能力、科技能力、育种能力以及人才储备，都有实力走出去；中国也是最大的农产品消费国，这里有全世界最大的农产品消费市场，有很多资源丰富的国家想与中国合作。

出访的时候，我与巴西和阿根廷农业部部长都谈过这个问题。我们作为生产供给方和消费市场方直接合作，他们对此表现出了很大兴趣。当然了，构建一个完备的供给体系、流通体系、贸易体系也不是一件容易的事。

那次考察回来以后我就写了一个报告给国务院，建议加强农业国际合作，特别是加强同拉美地区的合作。国务院很快决定，建立农业对外合作部际联席会议制度，由农业部牵头，我为总召集人，主要任务是谋划、指导农业国际合作，特别是农业企业走出去。联席会议成立后，多次举行全体会议，先后制定了国家支持农业对外合作的意见，以及国家及重点省份、行业的走出去规划等，完成了一系列具有重要意义的政策和问题研究。

智利：车厘子、蓝莓、葡萄酒走上中国人餐桌

现在有个网络名词，叫"车厘子自由"，因为车厘子价格偏高，能"自由地"吃车厘子，被年轻人调侃指代"财务自由"。智利是我们最早进口车厘子的国家之一。

车厘子是近些年才开始出现在市场上的一种高端水果，个儿大、颜色正、味道甜，而且正好在春节期间水果青黄不接的时候出现，当然价格也不便宜，一两百块钱一斤。很多人春节走亲访友都喜欢带一盒，觉得有面子。

最近几年我们国产的车厘子也有了，在辽宁、山东等很多地方都有种植，当然，中国人还是习惯叫它大樱桃，春节前上市，也卖得挺贵。2019年春节前，我在大连市调研过一个农民的大樱桃大棚，因为大樱桃价格太高，怕晚上有人进来偷摘，又怕万一设施损坏，棚里温度骤降，那损失可就更大了，所以农民不放心，都要住在大棚里。

智利在南半球，和我们有天然的"反季节"互补性，而且它的国土南北狭长，富有地理多样性，农业生产种类也很多，刚好可以满足我们越来越多元化的市场需求。智利也是拉美国家第一个和我们签署自由贸易协定的国家，现在中国已经成为智利第一大农产品出口国，很多来自智利的优质农产品进入我们的生活。除了前面说到的车厘子，智利蓝莓每年年底在中国大量上市，智利葡萄酒物美价廉，品质很不错而价格还不高。

北半球葡萄酒最佳产区是北纬38度，智利产区则刚好在南纬38度左右。太平洋与安第斯山脉共同作用，形成温暖湿润的气候

和肥沃的谷地地形，非常适宜葡萄生长。再加上智利的酿酒技术也是欧洲移民带过去的，所以智利的葡萄酒也得到世界市场的认可。

阿根廷人很羡慕智利对中国的葡萄酒出口，一直向我推荐，说他们的葡萄酒品质也很好，但是智利和我们有自由贸易协定，其葡萄酒还享受税收优惠，所以就捷足先登了。

阿根廷的葡萄酒确实也不错，产区也位于南纬38度。南半球葡萄适宜产区比北半球也不少，阿根廷虽然纬度高，但海拔低。在阿根廷，一座不算高的山上就有冰川，山下就是碧绿的湖水。

智利这个国家从地图上看很有意思。从北到南长达4270公里，相当于从我国黑龙江最北部一直伸到西沙群岛。但它东西宽度平均只有180公里，堪称世界上最狭长的国家。

智利和我们在历史上一直很友好，是第一个同中国建交的南美国家，也是第一个在中国建设示范农场的拉美国家。中智示范农场位于天津市蓟州区官庄镇，2001年开始运行，两国政府累计投资1600多万元人民币。后来，2010年上海世博会的智利国家馆也已移址到这个农场，供人参观。

两国农业部部长也一直往来频繁。在各国访问中国的农业部长中以智利为最多，智利农业部部长跟我也是老熟人了。2012年6月访问智利时，我再一次感受到他们的热情。

那次我访问了智利农业协会。协会大楼是一栋欧洲宫殿式的建筑，临街的外墙都是石头砌成的，看上去坚如磐石，就像农业本身一样，给人以稳固的感觉、基石的感觉。

农业协会是智利最悠久的行业协会，从1838年就成立了，协会聚集了许多农场主，以及与农业相关的生产者、企业、专家等，协会代表着广泛的行业利益。协会力量十分强大，智利与农业相关的官员许多都是协会里出来的，现在的农业部部长、驻华大使都是前任的协会会长。

那天，协会来了几十位农场主，有车厘子产业的、葡萄产业的、牛肉产业的，满满当当坐了一屋子。在交谈中，他们都表达了与中国加强合作的意愿。我对智利农场主最大的感觉是，他们都很自信，有眼光，关注市场特别是国际市场，而且普遍对中国十分友好。那天，我们互相交流了很多看法，谈得十分尽兴。

代表各个产业的农场主满满当当坐了一屋子，向我介绍当地的优质农产品

临走时他们一定要送我一份礼物，是一匹马的摆件，玻璃钢做的，做工很精致。他们知道我属马，就特意送了这个马给我，并且说这象征中智的友谊、中智的合作关系"一日千里"。如此用心的礼物让我很是感动。

拉美农民

　　拉丁美洲是指美国以南的美洲地区，东临大西洋，西接太平洋，南北全长11000多公里，东西最宽处5100多公里，最窄处巴拿马地峡仅宽48公里。拉丁美洲农业资源禀赋好，拥有可耕地面积超过7亿公顷，被誉为"未来世界的粮仓和肉库"。拉美及加勒比地区的热带农业，也向世界输送着特色产品。

秘鲁：马铃薯是"上帝送给人类的礼物"

2011年7月，我作为国家主席特使出席了秘鲁总统权力交接仪式。活动结束后考察了秘鲁农业。

国际马铃薯研究中心位于秘鲁利马市东区，是世界上最权威的马铃薯研究机构。访问秘鲁期间，在他们的盛情邀请下，我专程参观了他们的基地。

让我印象很深的是马铃薯种质资源库。我从没见过那么多各式各样不同的马铃薯品种，单从外观上看有大的、小的，红色的、紫色的，长的、圆的，让人目不暇接。

当地人介绍说，秘鲁从公元前8000年到公元前5000年左右，就开始了人工种植马铃薯了。秘鲁是世界马铃薯的起源地，有世界上最丰富的马铃薯种质资源。

那天午餐，我们就在国际马铃薯研究中心吃的烤马铃薯。中心的院子里就垒着一个大坑，坑底烧着炭火。他们在坑上放上铁架子，马铃薯一层层搁在架子上，外面罩上盖子，盖子上再加一层草编的东西捂着，有点像我们东北捂的麻袋片。东北家里办喜事做大锅焖饭的时候，也是把麻袋片弄湿，捂在锅盖上，这样热气就出不来了。

马铃薯烤熟了，冒着热气端上来。我们围坐在院子里的一张长条桌旁，就是简单配上点辣椒酱，品尝马铃薯最原始的味道，结果是出乎意料的美味。

现在生活好了，人们吃饭越来越精细，饭店里的菜经常是精雕细琢的，还有的人喜欢加各种调味品，口味越来越重。其实，每一种原始食材本身就蕴含着独有的风味，这风味也许来自山间的风，来自清晨的光，来自头顶上大树积攒一夜的一滴露水。只要对大自然怀有敬畏和感恩，以宁静的心去品尝，就可以体会到这种美好。

简单的炭火烤马铃薯，品尝出食物最原始的味道

马铃薯是一种神奇的作物，它和玉米一起被称作是"上帝送给人类的礼物"。这两种作物产量非常高，不仅养活了南美洲，拯救了欧洲，也给亚洲带来了人口激增。中国历史上人口增长最快的时期是在康熙年间，除了远离战争的因素，还有一个重要原因就是马铃薯和玉米的引进。可以说，这个世界如果没有马铃薯和玉米，单靠小麦和水稻是不可能养活这么多人的。

不过，历史总是充满不可预见的偶然性，马铃薯也对世界政治产生了深远影响。1845年，欧洲一场灾害悄然而至，马铃薯大量枯萎绝收，大约100万以马铃薯为主食的爱尔兰人因此饿死，200万人逃离连岁饥馑的家乡。这是19世纪最重要的人口流动之一。爱尔兰移民在美国新大陆筚路蓝缕，从头开始，一步步融入了美国主流社会，后来出了好几位总统。

马铃薯传到中国，很多地方叫"洋芋"，在东北我们叫"土豆"。马铃薯既能当菜又能当饭，我小时候家家户户都种。

那时候，家里的自留地种上不到一亩，就能收获十几麻袋。一麻袋一百四五十斤，加起来起码有一吨多。有些露出地面发青了，我们叫它"青头愣"，还有个头太小的就用来喂猪，剩下好一点的放在自家地窖里储存起来。

那时候的东北，家家堂屋里都有地窖，一个地窖能存五六麻袋。马铃薯耐储存，放进去用两块板盖着，一冬天也不会冻坏。这一个冬天，饭也是它，菜也是它，家里平均一个人要吃一麻袋。

小时候缺粮，东北冬天只吃两顿饭。小孩喊饿，大人就拿出两个土豆，放在取暖的火盆里烤了给小孩吃。到了晚上，家里熬了粥或者想喝点酒的时候，炒点土豆丝又能当菜。

我母亲还会自己做土豆粉，用擦子把土豆擦成丝，再用纱布包着在水里边洗边拧，把土豆粉都洗出来，剩下的就是面筋。面筋可以包上野菜、白菜馅儿，像包豆包一样，很好吃。不过面筋氧化得快，一会儿工夫外表就黑了。洗出来的土豆浆放在一个小金属盆里，再整个放进盛着开水的大盆里，一会儿工夫，浆水就凝固成土豆粉皮了。土豆粉皮可以凉拌，也可以炒着吃，成了一道不错的下酒菜。

总之，那时候东北冬天能吃的东西很少。鲜白菜不好储存，只有冻白菜或者秋天晒的干白菜，所以家家都变着法子做土豆。

那次访问，国际马铃薯研究中心盛情邀请我去考察，主要是他们想在中国建国际马铃薯研究中心的亚太中心，希望得到支持。这对双方都是好事，后来我也做了很多协调工作。2015年7月，国际马铃薯研究中心亚太中心正式落户北京市延庆县，我还专程出席了揭牌仪式。

现在，马铃薯在中国的种植面积已达7000万亩，按5斤马铃薯折合1斤粮食计算，每年折合粮食产量大约有350亿斤。中国的马铃薯产业发展很快，也达到了很大的规模，马铃薯还被做成面条和馒头等主食。

秘鲁还是世界上最大的藜麦生产国，占全球供应量的一半多。访问期间，我还参观了秘鲁的一家农业技术学校，当地人向我介绍了藜麦不同品种。

这是我第一次看到藜麦。有点像我们的灰灰菜，结的穗子又像高粱穗。藜麦是6000多年前，几乎和水稻同一时期被人类驯化的植物，原产于南美洲安第斯山脉的哥伦比亚、厄瓜多尔、秘鲁等中高海拔山区，生长范围约为海平面到海拔4500米的高原上。

藜麦是印第安人的传统主食，这种营养丰富的粮食滋养着印加文明的诞生，印加人将藜麦尊为粮食之母。美国人早在20世纪80年代就将藜麦引入美国国家航空航天局，作为宇航员的日常口粮，联合国粮食及农业组织认定藜麦是唯一一种单作物即可满足人类所需的全部营养的粮食，并进行藜麦的推广和宣传。目前我们中国也有藜麦种植，主要分布在山西、青海、甘肃等几个高海拔地区。

藜麦被当地人尊为"粮食之母"

古巴：站在茅草屋前与国有农场场长谈改革

古巴这个国家在我心中太独特了，从小听的歌里就唱着"美丽的哈瓦那，那里有我的家"。哈瓦那就是古巴的首都，那时候就觉得这个国家一定非常美。古巴领导人菲德尔·卡斯特罗是中国人民的老朋友，也是传奇式的人物。

我曾经两次访问古巴，考察了糖、雪茄、辣木等产业。

在我小的时候，古巴糖在东北农村可受欢迎了。那时候没见过蔗糖，条件好的家庭能吃上甜菜糖，也是自己家里熬的糖稀。古巴糖是一种砂糖，只是不像现在砂糖这么细。我记得，家里一包古巴糖能吃上一年，只有过年了才舍得拿出来蘸豆包吃。

糖是古巴主要的出口产品，最早的时候出口到苏联，苏联解体后就一直出口到中国，现在我们每年古巴糖的进口量大体在40万吨。

古巴最著名的特产还要数雪茄。古巴生产的雪茄被公认是雪茄中的极品。这主要归功于它的资源条件，全世界雪茄专家一致认为，古巴肥沃的红土孕育了世界上最好的烟草。古巴农民很多种植烟草。

当然，古巴的雪茄生产技术也有独到之处。最好的雪茄都是全手工制作的，机械产生的味道及油污对雪茄的香气、余味都会有影响，手工制作保证了繁复工序的每个环节都不受到任何污染。

我在一个雪茄生产厂里看到，女工们的手法非常娴熟，一张很大很薄的烟叶，经过她们一卷就卷成形了。卷雪茄用的烟叶外层与内层是不相同的，外包烟叶要挑选叶薄、油分大而有光泽的品种，这样雪茄的外形才会漂亮而且燃烧得好，而内层则是雪茄味道的灵魂所在。

工厂里的女工正在做雪茄

关于雪茄中文名字的由来有一种说法，说是徐志摩与泰戈尔一起抽雪茄时，泰戈尔问徐志摩有没有给雪茄起过中文名，徐志摩回答说："Cigar之燃灰白如雪，Cigar之烟草卷如茄，就叫雪茄吧！"这段故事的真实性我没有考证过，但是雪茄这个名字确实形意相合，十分风雅。

古巴还有一个他们十分看重的产业，就是辣木。在我们国家，辣木的主要用途是当蔬菜、调味品，现在有企业在开发加工保健食品，但在古巴，辣木还承载着提供植物蛋白质的重要功能，弥补粮食和饲料不足。古巴气候湿热，很适合辣木生长。

2011年访问时，我国与古巴就辣木、桑树等领域合作达成了共识。随后几年里，中古双方互相提供了辣木种子，中方先在西双版纳设立了中古辣木科技合作中心，联合开展科研工作，我还去参加了揭牌仪式。后来，古巴也在哈瓦那成立了古中辣木科技合作中心，第二次访问时，我专程和古巴农业部部长罗德里格斯一起为新的合作中心揭牌。此后双方互派专家，开展研究交流，中古两国辣木科技合作进入了一个新阶段。

辣木在古巴具有重要地位

说起辣木，还有一段故事。2011年那次访问中，我有幸见到了卡斯特罗。那天，我正在参观古巴农业科学院，陪同的院长忽然笑着对我说："我们总司令希望见你。"我知道他们所说的总司令就是卡斯特罗，能见到这样传奇的人物我也很愿意，当即表示同意。我想，卡斯特罗见我也是出于对中古友好关系的看重。

不多时，他们派来的车子就到了，我们三个人一起坐上了车，去到卡斯特罗住的地方。车子在一栋两层小楼前停下来，楼前有个不大的院子，种着一些树。进了小楼，推开门就是一间会客厅，我们走进去，就看到了卡斯特罗。

卡斯特罗坐在一个挺高的可以转动的椅子上，现场还有他的夫人和秘书。他那时候已经八十五岁，头发胡子都白了，但身穿橙白色的运动服，显得精力旺盛的样子。那天，他谈兴很浓，跟我们聊了两个来小时，讲了很多拉美的事情，也特别谈到了辣木。他说，辣木在古巴具有战略用途，可以当食物，也可以当饲料，可以改善古巴人的食物结构，补充养分。说着还现场让工作人员拿了一大束辣木叶子来让我看。

走的时候，卡斯特罗把我们送出院子，院子里也种着辣木。他站在辣木树边上给我们介绍，让我印象深刻。

古巴的辣木种植园

访问古巴，印象最深的是他们想要搞农村改革。本来我打算多去看一下农业，但是会见当时古巴部长会议副主席穆里略时，他诚恳地请我介绍中国的农村改革，并一口气给我提了十四五个问题。等我解答完，差不多一个上午过去了。下午，我又会见了古巴部长会议副主席卡布里萨斯，他也主要谈改革。卡布里萨斯是个"中国通"，到过中国一百多次，又跟我谈了一个多小时。

当时，古巴正准备改革，希望学习中国的经验。他们的态度都很恳切，问得也很细。比如说分地，地有肥有瘦怎么办？农机怎么分？种子化肥怎么解决？有人懂技术有人不懂怎么办？问的都是当年中国改革初期遇到的一些问题。我也跟他们谈了很多，把我们走过的路、摸索出来的经验分享给他们。

后来，我还是坚持要现场去看一看农业，他们就给我安排了一个农场。

　　我记得那是一个国有农场，类似我们农垦的连队，以种水果为主。农场场长是一个很壮实的汉子，在农场工作多年，现在又开始领头搞生产责任制。在交流中，他们对我们的家庭承包经营制很关心，当时他们也正在搞承包。陪同的当地人介绍，农场是古巴农业生产主要的组织形式。

　　这个农场环境很好，草木葱茏，热带水果品种很多，但有的房屋有点像茅草屋。站在这样的房子前谈论改革话题，让人感触良多。家庭承包经营制是我们在土地制度上一个了不起的创举，是中国农村改革与发展的"第一次飞跃"，也是一场自下而上、由农民点燃的燎原之火。所以说，任何时候都要尊重农民意愿，要敬畏来自泥土深处不甘于贫困的生命力；任何时候都要保障农民的物质利益和民主权利，要给农民生产经营自主权和粮食等农产品营销权，这是我们这些年农村改革的重要经验。

　　从古巴回程时遇到飞机晚点，我们就去街上转了一下，想看看普通古巴人的生活是什么样子。我来到一个不大的小区广场，人们三三两两地在广场上散着步，有的还带着孩子，一家人嬉笑追逐着。广场周边的房子有欧洲建筑风格的，也有普通的小楼。欧陆风格的大多是殖民时期留下来的，现代一点的"火柴盒"多是古巴革命以后建设的。

　　楼房都不高，最多三四层，很多都有阳台。抬头看去，不少人在阳台上悠闲地坐着或站着，和朋友家人说说笑笑，感觉他们虽然说不上富裕，但是生活状态悠游自在，自得其乐。

哥斯达黎加：探访中美洲"咖啡王国"

2014年5月，我作为国家主席特使前往哥斯达黎加出席该国总统权力交接仪式，会见了新任总统索利斯和已经卸任的总统钦奇利亚。之后我照例又去看农业、访农户。

哥斯达黎加是著名的中美洲"咖啡王国"，已经有200年的咖啡种植史。虽然产量不大，但因为出产的咖啡味道清淳、香气悠长，在国际精品咖啡市场上占据了重要的地位。因此，我专程去访问了一个种植咖啡的农场主。

与萨莫拉一家三代在一起

农场主是一个西班牙后裔，名叫萨莫拉。他告诉我，这个农场是他家祖辈传承下来的，种了4公顷咖啡，有自己的磨粉加工厂，打自己的品牌。在参观种植园时我发现，他的种植管理水平非常高，咖啡树的叶子都黑绿黑绿的，长得非常健壮。当然，这也跟当地的气候环境有关，中美洲是世界重要的咖啡产区之一。哥斯达黎加和附近的巴拿马等国家，家家户户都种咖啡。

萨莫拉的儿子给我们介绍咖啡种植

在参观农场的加工厂时，萨莫拉送给我一包磨好的咖啡粉。外面用黄色的纸包着，我捏了一下觉得他的粉磨得很细，纸包上一捏一个坑。

看完农场，萨莫拉请我在他的院子里坐下来。院子如同一个小园林，种满了咖啡树、香蕉树，还建了小凉亭，有喝咖啡的各种设备。我和萨莫拉就坐在亭子里边喝咖啡边聊天，十分惬意。

哥斯达黎加的咖啡味道清新、香醇，品种主要是阿拉比卡，是小粒咖啡。小粒咖啡是世界上主要的咖啡品种，约占总产量的3/4，除此之外，还有大粒咖啡、中粒咖啡等。

与萨莫拉坐在凉亭里品咖啡聊天

现在我们云南也开始种植咖啡，也是小粒咖啡。不过即使品种一样，咖啡也会因不同地貌气候呈现出不同的风味。我们云南小粒咖啡浓而不苦，香而不烈，带一点果味，获得了世界咖啡领域专家的普遍认可。

我想再过许多年，中国也会成为咖啡消费大国的，就像30年前中国很少有人喝葡萄酒，现在却是世界最大葡萄酒消费国一样。

在"80后""90后"这个群体中，喜欢喝咖啡的人很多。他们喝咖啡也有很多讲究，就像我们的茶分红茶、绿茶、白茶一样，咖啡也因酸度、香气、醇厚度分出不同口味；茶有发酵、半发酵，咖啡也分浅烘焙、深烘焙；泡茶讲究不同杯具配不同茶，咖啡从研磨到过滤、从煮制到打奶泡，整套器具也不能马虎。

我女儿对此就颇有研究，很长一段时间天天要喝咖啡，家里没条件，就去咖啡店喝。一些咖啡店会专门推出咖啡赏鉴活动，由专

拉美农民

业的咖啡大师带着顾客去体验咖啡因产地、品种、烘焙方式、冲泡器具甚至咖啡师手艺的细微差别而呈现出的独特风味。

中国有14亿张嘴，有人说连起来有几个足球场那么大，所以中国人吃什么、喝什么，就一定会形成大市场。中国一直都是最大的白酒消费市场，现在说葡萄酒能软化血管，具有保健作用，中国又成了世界最大的葡萄酒市场；中国现在是当之无愧最大的茶叶消费市场，相信将来有一天，也会成为世界最大的咖啡消费市场。

我们现在还没有自己的连锁咖啡品牌。比如云南普洱，很多人都知道普洱茶，却不知道普洱也产咖啡，而且还是星巴克咖啡的一个重要生产基地。所以我们也要发展自己的咖啡产业，有远见的企业家，可以从现在就开始布局，打造自己的咖啡品牌，为即将到来的消费潮流做好准备。

中国是茶的故乡，茶文化渗透到人们生活和记忆的每个角落。"无由持一碗，寄与爱茶人。""半壁山房待明月，一盏清茗酬知音。"无数古今名句，写满中国人对茶的喜爱。

如果说茶融入了东方底蕴，那么咖啡则是西方文化萃取的精华。茶与咖啡是最重要的两大世界性饮料，我们每年在杭州举办的中国国际茶叶博览会期间，都会安排一场重量级的"茶咖对话"，这不仅是茶与咖啡的对话，更是东方文明与西方文明的对话。

哥伦比亚：渔村里都是几块板子搭起的简易房

2015年5月，我访问了哥伦比亚卡塔赫纳市，走访了几个渔民家庭。

卡塔赫纳是哥伦比亚的重要港口，也是一个旅游城市。渔民靠将海上捕捞的鱼虾卖给旅游景点饭馆为生。

我来到一个渔村，发现村庄十分破败，遍地瓦砾。房子都是几块板子搭起来的简易房，窗户其实就是一个塑料格。走进渔民阿尔瓦罗家，也是家徒四壁，什么现代化的电器都没有。

渔民阿尔瓦罗家里别无长物

全世界的渔民都一样苦，干的活都是升帆、起网这样的重体力活，收入又微薄不稳定，而且在海上漂泊的压力和孤独，不是一般人能承受的。我国渔民也曾经历过这样的发展阶段，不过现在我们

渔民正在织补渔网

在渔业上增加了很多补贴。我在福建、海南调研渔业时，当地渔民算账给我听，他们现在拿到的补贴比种地农民还多，生活已经跟以前大不一样了。

除此之外，我们的渔船设备也与过去不可同日而语了，机械化、自动化不说，有的还实现了信息化。船上装有北斗定位系统、海事卫星电话等，到了哪里，都可以与岸上联系；到了哪里，公司和渔业管理部门一看便知。

我又去了一个鱼市，也十分简陋。渔民谁打了鱼就拿到那里卖，也没有冷柜，那么热的天，鱼就那么一条条堆在一起。鱼市的味道可想而知，让我想起一句话"入鲍鱼之肆，久闻而不知其臭；入幽兰之室，久而不闻其香"，大概就是这个味道吧。《庄子》里也有"枯鱼之肆"的说法，直到今天，这些渔民卖鱼的方式，可能跟庄子那个时候并没有太大差别吧。

打上来的鱼就这么放在露天没有冰柜的市场上卖

　　哥伦比亚的农业部部长陪同我时，一直给我介绍，很希望我能去东部看一下他们的大豆产区。希望我们能去建农场、修公路、种大豆，还希望向中国出口大豆，但是海外投资最重要的是安全，哥伦比亚之前内战频仍，耽误了很多发展机会。

　　所以，一个国家要发展，老百姓要幸福，首要条件是要有一个和平安定的环境，这一点我在哥伦比亚和塞尔维亚两个国家感触最深。

墨西哥：世界上最大的牛油果生产国

2015年9月，我访问了墨西哥哈里斯科州。哈里斯科州是墨西哥的重要农业产区，州长和墨西哥农业部部长全程陪着我，一路给我介绍情况。

在哈里斯科州我主要看了两种特色作物：一种是树莓，也就是鲁迅先生在《从百草园到三味书屋》里写到的覆盆子；另一种就是这几年在国内越来越受欢迎的牛油果。

我们参观了Driscoll公司的种植大棚。这是当地一个很大的种植出口树莓、蓝莓、黑莓、桑葚等水果的公司，公司自己有农场，同时以订单的方式辐射带动周边农民种植。

树莓种在大棚里，成熟的果实味美色佳

在一个大棚里，我品尝了成熟的树莓，口感很软，籽也不硬，味道很甜。树莓艳红的颜色很讨喜，西方人喜欢在做蛋糕时放上一点红树莓做点缀，感觉一下子就"活"起来了。树莓在我们国家还偏小众，不过这几年也慢慢发展起来，有些地方也开始种植了。

小众意味着新奇，也意味着更大的利润空间，特别是面对中国这样一个广阔的市场。现在，网购的兴起、包装物流的发达，让小规模生产、小众产品共享成为可能。新疆天山脚下、云南边陲小镇……山南海北的特色水果，几天之内就可以摆上北上广深城市居民的餐桌，让城市人饱了口福，也让农村人得到了收益。

这些年，世界各国也纷纷带着特色农产品来到中国，有很多以前没见过、没吃过的水果从境外引进来。记得我最早吃百香果不是在福建，也不在台湾，而是在巴西。那是2010年，在巴西的亚马孙河流域，当地人端上一种当时说是巴西特有的水果，其实就是百香果——我后来才知道国内福建也有种植。随水果还附着一把勺子，说这种水果要用勺子吃。我一吃，果然是汤汤水水的，而且里面有籽没法嚼。当地人又告诉我，这种水果不用嚼，就是舌头一卷，直接吞下去。这些新奇的农产品，一进入中国市场就抓住了国内消费者的胃，发展非常迅猛。

中国消费者对来自墨西哥的农产品，更熟悉的还是牛油果。我以前不了解牛油果，虽曾尝过，总觉得口感有点腻，跟松花蛋一样。他们告诉我，牛油果在墨西哥被称为"绿色黄金"，营养价值很高，而且热量高、油分高，还可以当原料榨油。在墨西哥既当水果又当粮食，就像马铃薯被我们既当主食也当副食一样。

牛油果很好剥，尤其是刚摘下来的时候，拿刀沿着果核划一

成熟的牛油果挂在树上，十分喜人

圈，轻轻一拧就分成两半了。果肉又软又糯，不粘核也不粘壳。不像有些果类比如核桃，好吃是好吃，就是难剥。

我来到哈里斯科州山上的种植基地，漫山遍野都种着牛油果，有点像我们广西种芒果的方式。我和农业部部长卡尔萨达、哈里斯科州州长三个人，每人拿着一个牛油果拍了张合影。

我们在一家农户果园里参观时，州长对农户说，这是中国的农业部部长，中国有十四亿人口，如果都来买我们的牛油果，我们都不够卖。农户听了也非常高兴，热情地向我介绍他的牛油果品质有多好。

回国以后，我也开始注意看市场上有没有牛油果卖，一看还真有。其实当时墨西哥牛油果早已进入了中国市场，是墨西哥向中

参观牛油果选果车间

国出口的主要农产品之一。现在，我家冰箱里也常放有三五个牛油果，早上拌沙拉的时候开一个牛油果放在里面。

参观结束后，州长请我和农业部部长吃饭，地点就在牛油果种植园山顶上的一家开放式的餐厅。说是餐厅也就是一个大棚，环境简洁但干净雅致，上的菜也大都以牛油果为食材。这也是基地里的农旅项目之一，游客玩累了可以到这里吃饭。

那天坐在餐厅里，山空林静，微风徐徐，只听得牛油果树叶子的沙沙声，一时间感觉天地清寂，心境澄明。所谓"山中何事？松花酿酒，春水煎茶"，便是如此吧。

我一下子又想起了在德国海德堡山上葡萄园里看到的落霞与长天、远山与平川，当时就想，我们的农旅融合以后也要做成这样。

这些年来，我国的休闲农业、乡村旅游也在不断发展，市场空间很大，一些地方，比如浙江安吉做得就很好，农业农村部曾在那里开过乡村旅游大会。

　　搞乡村旅游重在挖掘乡村独特的价值，展示乡村独有的风情。有的地方搞乡村旅游建设存在着一种误区，好像高标准就是要照搬城里的那一套，就是要把房子建得和城里一样。实际上，人们旅游的目的就是要感受差异性，感受自己生活场景中没有的那些景观与人文。有句话说，旅游就是从自己生活厌倦的地方到别人生活厌倦的地方去。虽是调侃，也不无道理。城里人在钢筋水泥森林里困了许久，到乡村去旅游，就是去感受乡土味、寻找野趣的，乡村旅游建设非但不能照抄城市，反而要更注意原汁原味。

大洋洲农民

大洋洲跨越南北半球和东西半球，东西距离1万多公里，南北相隔8000多公里，各国农业发展水平差异显著，既有世界农业现代化国家澳大利亚、新西兰，也有14个太平洋岛国，这些岛国国力普遍不强，农业发展比较落后。

澳大利亚：现代版的"庖丁解牛"

在澳大利亚，我考察了JBS公司在澳大利亚投资的一家肉牛屠宰场和一个家庭牧场。

一走进场区，四处绿茵环绕，干净整洁，不知道的还以为这是一座大学。车间里设备先进，屠宰分割都是通过自动化生产线进行的。在生产线上，一道道程序环环相扣，每道工序的操作井然有序。从屠宰前验收检疫，屠宰过程中劈半冷却、剔骨分离，再到部位切割、真空包装等，车间里始终保持在0～4℃，保证生产出味道鲜美、口感细嫩的冷鲜肉。屠宰场负责人告诉我们，这里的日加工能力是3400头。

看着这自动化、机械化的屠宰场，我不由得想起庖丁解牛的故事。庖丁"动刀甚微，謋然已解，如土委地。提刀而立，为之四顾，为之踌躇满志，善刀而藏之"。从字里行间都能想象到，解完牛的庖丁是何等自得。不过，到了工业如此发达的今天，庖丁想必也无用武之地了吧。

JBS公司在澳大利亚采取的是"公司＋农户"模式，周边牧场的牛羊出栏后都送到这里来加工销售。

我们专程去看了公司合作的一家牧场。我记得牧场在一个山里，车子离开公路，穿过丛林，爬山又下沟，感觉颠簸了好长时间才到达。

牧场主人是一对老夫妻，妻子原来是教师，退休后就和丈夫阿克顿先生一起经营牧场。他们的孩子都进城工作了，牧场就这老两口打理，养了四五百头肉牛。他俩虽然年纪也不小了，但是身体还很健硕，现场给我们演示怎么抓牛，怎么给牛称重。就这么一对老夫妻，就把这些事都弄得利利索索，让人不得不佩服。

阿克顿夫妇只管养牛，屠宰和销售交给大公司

交谈中可以感受到，老两口对自己的生活很满意。有牧场，有别墅式的住房，有稳定的收入，牛到出栏的时候，有公司直接来拉走，屠宰上市，自己什么都不用操心。唯一有点纠结的是，这么多牛要照顾，想外出旅游一趟都走不开，算是一个美中不足。

澳大利亚中小型牧场基本都是这样的模式。自家有适度规模的牧场，牛羊主要是自繁自育，再依托一个大公司，走"公司＋农户"的路子，解决小规模农场不好解决的屠宰、销售等环节的问题，是一种成功的生产经营模式。

澳大利亚是世界牛羊肉主要出口国，也是我国进口牛羊肉主要的来源国之一。不过，对我们的奶牛养殖企业来说，澳大利亚更有

牧场一角

吸引力的是种牛。每年，澳大利亚的种牛拍卖会上都有中国人的身影。还有，澳大利亚也是荷斯坦奶牛输出地，这些年，荷斯坦奶牛以活体、精液和胚胎形式已经成功输出到世界各国，中国也已成为其主要的输出国。

新西兰：一幅优美经典的田园牧歌图

在新西兰看过的一个生态牧场给我留下了深刻印象，就像一幅鲜活的田园牧歌图。

那是2013年4月的一天，我访问新西兰首都惠灵顿郊区一个叫奥哈鲁伊的牧场。来到牧场，远远地就看到羊群正在山坡上悠闲地吃草。那山丘绿意茸茸，绵延起伏着。山脚下的草地青翠厚实，一看就是柔嫩多汁的好饲料。一大群圆滚滚的羊就在这样的草地上撒着欢，吃着草。

临近中午，也是为了让我们参观，农场主格雷尔往山上喊一声，头羊就带着羊群往山下走。格雷尔开着草地车迎上去，几只大型牧羊犬也跟上去，帮着一起赶羊。只见羊群被赶得时而向东，时而向西；半是奔跑，半是嬉戏，在草场上"流动"，犹如天边变幻的流云。

再近了，就看到一大群羊迈着细碎急促的步子，顺着主人的吆喝和牧羊犬的驱赶呼隆隆地向羊圈涌去。那场景，真叫有趣，真叫壮观！

格雷尔开着草地车，和牧羊犬一起赶羊

这也让我想起了自己的家乡。小时候，一放暑假我就会去生产队放牲口，帮家里挣工分换口粮。放马时是四匹马一组地赶，弱马放在中间，强壮的在外面，走在最前面的叫"头梢"。一般一个人放两组，我就骑在其中一组马的"头梢"上。赶马就赶"头梢"，往左赶，马群都跟着往左转；往右赶，马群跟着往右转。在田野荒地、灌木草丛中，马边走边吃草，有时候一放就是几个小时，天擦黑了才回家。

格雷尔捉过一只温驯肥硕的羊来给我看

奥哈鲁伊农场的景色如此优美，农场主当然也没有浪费。他们以青山绿水为背景搞农旅融合，提供婚庆、会议、旅游等服务。男主人管理牧场，女主人就负责组织活动，经营农家乐。

在新西兰我还参观了一个养牛场，位于奥克兰郊区的贝拉维斯塔牧场。

牧场藏在一个山沟里，车开了很长时间，穿过一段蜿蜒狭窄的山路，眼前豁然开朗，只见土地平旷，屋舍俨然，真有"柳暗花明又一村"之感。牧场的景色与我在爱尔兰看到的很像，蓝天、白云、绿草、黑白花的奶牛、红黄色调的农舍，就像一幅静谧隽永的水彩画。

牧场主人叫肖恩，他告诉我，牧场占地150公顷，有450头黑白花奶牛。牛产了奶，公司会直接来牧场，把奶装到大罐车里拉走，分工明确，产业链很完整。

　　肖恩力邀我去看看他的牧场，盛情之下，我欣然坐上了他的草地车，向牧场深处开去。牧场是一格一格隔开的，每格大约1公顷，奶牛就在格栅里吃草、活动。草是一色的黑麦草，整整齐齐的，真像是又厚又软的地毯一样铺开去。

　　新西兰养奶牛是全放牧，牛分居在草场的不同格栅中，就在草场上生活，不需要饲料，因而他们的成本很低；欧美是半放牧，白天牛羊在草场里睡卧吃草，悠闲自得，晚上带回牛舍，补充喂点饲料，也降低了成本。牛在草场上吃，粪便又拉在草场上，既消纳了粪污，又增加了肥料，这又节省了一笔支出。我们国家大多是养在养殖场，全年喂饲料，成本必然要高，竞争力必然要低，这笔账很容易就算得出来。

肖恩带我参观贝拉维斯塔牧场

肖恩又带我去看了他的生产设施，主要有挤奶车间、储奶罐、检测室等。在挤奶车间，我看到一个轮转式的挤奶台，奶牛依次站上去，在人工辅助下排队挤奶，奶直接进入了一个低温恒温的储奶罐。挤出来的奶要先自检，自检质量合格后，肖恩就会打电话请奶业公司来拉走。

那天，公司来拉奶的大罐车也来了，我仔细看了一下，上面也自带检测设备，能够检测多项指标，来对奶的质量、安全性进行把关。拉奶车边装、边运、边检测，等它一路回到公司，检测数据也出来了，合格的送往公司加工，不合格的就地销毁。

现在我们奶业的全链条管理水平也在提升，全面取消了第三方奶站，由加工企业直接来收奶，牧场挤奶也有很多是轮盘式自动挤奶平台，但在自动检测设备上还有一些差距，自检测方式也没有那么先进。

我们现在还有一些先留样再检测，牧民把牛奶装进拉奶的大罐车，每家都要留好自己的样品。这辆装了多家牛奶的车开到奶业公司后也要检测，万一检测数据不合格，还不能马上确定是哪家不合格，还需要再往上倒追牧民手里的样品，检测看到底是谁家的。但这样的话，其他家牛奶就算是合格的，已经混装到这一车里，也都不能要了。当然，我们国家养殖规模小，牧民一家一户的牛奶装不满一车，几家联合拼车送奶，也有互相监督、互相制约的机制在里面。

考察期间，我还参观了恒天然公司的研究所。恒天然公司成立于2001年，是新西兰国内最大的公司，也是世界上第六大乳品生产商。最难得的是，恒天然的性质其实是一家合作社，是一万多家新西兰奶农共同拥有的合作社。合作社负责收牛奶，加工和销售牛奶、奶酪和奶粉，也负责搞科研、育种和配种。

在研究所里，研究人员给我介绍他们先进的奶牛性控技术。后来我问他们，这项技术推广得怎么样？他们回答，现在不怎么做推广了，因为新西兰本土的牛奶市场已经接近饱和，奶牛多了也没用，如果不向中国出口的话，再高精尖的性控技术也没什么意义了。

这件事也让我有一些感慨：没有市场拉动，没有需求，就没有科技创新的动力，科技就难以发展；另一方面，要想打开市场，就必须有竞争力，必须降低成本、提高质量，这又离不开科技的创新发展，两者是相辅相成的。

我们搞农业，也要树立一个理念，就是市场导向。我也说过，没有种不出来的东西，只有卖不掉的东西。钱会有的，技术会有的，人才也会有的，只要市场有需求。

访问期间，他们一直拉着我看牧场，也是希望多向中国出口，这样才可以养更多奶牛。

对我们国家来说，进口一部分牛奶、奶粉，是因为我们的土地资源有限，牧场面积不可能无限扩大，适度进口可以有效补充国内需求，但从战略上讲，我们的根本途径还是要立足国内、自主保供。

这些年，我们也在搞奶业振兴，牛奶的质量安全水平比过去有了大幅提升，现在我们牛奶中每100克乳蛋白质平均值达到3.25克，比国外也不低。

人们关注度比较高的婴幼儿奶粉，近年来我们在原料奶基地建设、配制技术科技攻关、品牌建设等一些关键环节下工夫，奶粉品质有了显著提升，也逐渐重获消费者信赖，2019年国产婴幼儿奶粉市场占有率开始超过进口品牌。

瓦努阿图：现代和原始并存的太平洋岛国

瓦努阿图是一个小岛国，海域面积挺大，海洋专属经济区面积有68万平方公里；但国土面积不大，大约1.22万平方公里。一旦全球气温升高，海平面上升，瓦努阿图就有被淹没的风险，所以他们很关心气候变化，在联合国也经常就温室气体排放问题进行呼吁。

虽说国土面积不大，但很多南太平洋岛国都是我们重要的合作伙伴。以前有"8＋1"的说法，就是说太平洋岛国里和中国建交的国家有8个；现在是"10＋1"了，多了所罗门群岛和基里巴斯两个国家。这些岛国里，纽埃、库克群岛人口都很少，但他们仍然是一个主权国家，而且和中国关系密切。

我国与瓦努阿图友好往来，历史悠久，1982年就建交了。我自己对瓦努阿图也有一个情结，这其中还有个故事。2001年，我还在中央财经领导小组办公室当副主任时，当时的农业部副部长万宝瑞同志准备访问斐济、瓦努阿图和另一个南太平洋岛国。宝瑞同志跟我说："长赋同志，你和我们去那儿走一趟吧。"我答应了，给中央领导打报告也同意了。

当时定的是7月去，6月还在办出访手续，宝瑞同志还给我介绍了不少关于瓦努阿图渔业的事，说中方和他们有渔业合作。结果到了6月底，中央就决定调我来农业部工作，担任党组副书记、副部长。7月初，我就来部里工作了，就没法再去瓦努阿图了。所以我对瓦努阿图还是有这样一个情结的，想着这个国家将来还是要看看。这一等，一晃18年过去了，瓦努阿图终于成行了。

这是新中国成立后农业部部长第一次访问瓦努阿图，瓦方高度重视，总理萨尔维还会见了我。访问瓦努阿图时间不长，主要考察了渔业，我还抽时间去了首都维拉港附近的一个村庄。

与身穿民族服装的瓦努阿图农民合影

到了这个村庄，感觉像是到了另一个世界。当地人衣着简单，但装饰物很多，有头梳、项圈、手镯、脚套等，男子的装饰物要比妇女多。

瓦努阿图人属美拉尼西亚人种。土著居民皮肤黝黑，阔脸宽鼻，头发也是卷曲的。在村子里走访我们发现，他们的农业基本上是刀耕火种，靠天吃饭，生产力水平低下。木薯是当地的主粮，一捆一捆地在市场上交易。

瓦努阿图社会发展程度也是现代和原始并存。土著村落还有酋长制，酋长对他的子民拥有绝对的权威，所有的财产都归酋长所有，但酋长的责任也很重，需要解决村民衣食住行等各种需求。

瓦努阿图和澳大利亚、新西兰是邻国，但其实离得也很远，坐飞机要穿过大洋飞好几个小时。听说澳新两国向我们出口牛肉，瓦努阿图也提出同样的希望。为了亲眼看看他们的牛肉怎么样，我专程参观了首都维拉港郊区的一个家庭牧场。

牧场第五代主人名叫雅尼克

牧场主叫雅尼克，是位老先生，他是牧场的第五代继承人，祖辈来自于苏格兰。也许是瓦努阿图太热，也许是因为几代混血，雅尼克长得已经不像欧洲人了。他的妻子是印度人，女儿更说不清算哪里的血统了，帮着父亲打理这个牧场。

雅尼克告诉我，他的牧场由两块地组成，共400公顷，其中一块来自家族继承，另一块是买的其他人的荒地，也种上牧草变成了牧场。家里两子两女，都在牧场帮忙，另外还雇有长期工人，有时也额外雇佣短工。他给短工的工资就是政府规定的最低工资，每小时200瓦图，约合2美元。

那天到牧场的时间有点晚，不过还能看出来那是个特别漂亮的牧场，草长得很好。

看我们喜欢他的牧场，雅尼克非常高兴。他对自己的牧草特别自豪，说别人家的草都会退化、枯黄，而他的常年保持绿色，无需更新。他说，这些牧草是混种了一种禾本科植物和一种豆科植物，牧草品质优良，蛋白质很高，牛吃了产奶也好；而且不用农药化肥，也没有病虫害。

雅尼克还告诉我们，他的牧场养了1000头牛，全部是放养的。没有牛棚，无需育肥，实行轮牧。他正与政府合作，将刚进口的小牛养一到两个月后，再运往其他农场放牧。

瓦努阿图农业部畜牧业司司长告诉我，这样的牧场还有很多，国家对牧场载畜量没有法律规定，但是建议农民在一般草场上每公顷不要超过两头，有豆科植物、生长良好的牧场每公顷可以养三四头，都是天然放牧的。

我还考察了维拉港菜市场。市场里卖菜的都是当地农民，用篮子提上自家种的菜就去卖了。其实瓦努阿图种植叶菜挺难的，因为这个国家在南半球，离赤道很近，气候太热。虽然我们去的时候是3月，还不是温度最高的时候，但已经能感觉有些热了。

瓦努阿图的菜用竹签串起来卖

当地农民卖菜的方式挺有意思，不是按公斤卖，而是按个、堆、篮或串卖。比如生菜，就在现场用竹签穿，每串穿上十个八个的样子，大小基本差不多，每串价格一样，按串卖。

菜市场里还有鱼，也是渔民自己捞自己卖的。鱼都装在一个小保温箱里，放几块冰，再把鱼铺在冰块上。我们去的时候看到，五六个渔民站成一排，每个人面前都摆着这样一个装鱼的箱子。因为捞上来的什么鱼都有，所以看起来大小不等，他们也不分类，就混在一起卖。

这些鱼主要卖给餐厅，谁要买鱼就自己先挑，挑好了也不称重，是按照一条鱼多少钱来定价的。现在瓦努阿图蔬菜等农产品还是自产自销，就像我们当年，我老家也有一些自留地和小开荒，农民生产出的蔬菜可以拿去卖。当然，没有什么商业组织，也不是统一卖给谁，就是农民自己吃不完的拿出来换点钱。

北非西亚农民

　　北非和西亚处于三洲两洋的交通要冲，气候干旱少雨、水资源短缺，农业基本依靠人工灌溉，农区主要分布在河谷平原和绿洲。

苏丹：最大的愿望就是把水利设施修起来

从苏丹上空的飞机上俯瞰，广袤的黄土地上镶嵌着一个个巨大的绿色圆盘形状，就好像天外之人以大地为纸，画出的几何图案画作。在我们内蒙古有些地方也有这样的景象，那其实是指针式喷灌设备的杰作。

我在考察苏丹时发现水对于他们的重要性，没有水的地方土地焦黄，一有水立刻就变得生机盎然。这是苏丹农业最大的痛点，也是最大的潜力空间。的确是，苏丹的土地一马平川，土质很好，只要能浇上水，立刻就变成沃野良田。也因此，苏丹被联合国粮食及农业组织认定为世界未来的重要粮仓。

实际上，苏丹虽然气候炎热、干旱少雨，但并不缺水。非洲的母亲河之一——尼罗河流经苏丹，大大小小的支流遍布苏丹境内。所以，准确说苏丹农业不是缺水，而是缺少水利设施。

苏丹有大大小小十多个灌溉区，总面积达到189万公顷，大部分地区土地肥沃，适宜耕种。其中，杰济拉灌区是非洲最大的农业灌溉区，有耕地1300多万亩，也是苏丹最大的棉花产地。

不过，苏丹的灌区都是以前欧洲人修建的，因为缺乏维护，灌溉能力已经丧失了1/3。另外，灌区建设投入非常大，所以他们一直希望中国去投资。

苏丹有一任农业部部长曾经"送我"5万费丹的土地，大约相当于我们的30万亩，主要是希望中国去搞开发。我们也想过把它建起来，建成一个中苏合作示范点，所以后来还派人专门去看过，但是发现那里土地灌溉、交通条件什么都没有，投入会很大，加上当时苏丹政局不稳，这事就不了了之了。

那次在苏丹，我们走访了几个村子。每到一处，村里人都围过来热情地跟我们打招呼，他们最大的愿望，就是中国人帮他们把水利设施修起来，让他们的土地可以种出庄稼。

苏丹传统农舍

我那次访问苏丹，主要是去参加两国农业部门联合举办的中苏农业合作暨投资促进论坛，目的就是为了促进两国之间的农业投资与合作。会后，我为"中国-苏丹农业合作开发区"揭牌。合作开发区位于苏丹第二大国有灌区——拉哈德灌区内，规划占地100多万亩。

在考察了开发区的一些入园企业后，当地农户穆萨热情地邀请我去他家里做客。在那里，穆萨和附近村民们告诉我，中苏农业合作对于他们的生活产生了巨大的影响，他们的收入逐年增加，生活水平飞速提高。

穆萨还高兴地带我去看他花了8.4万苏丹镑新购置的皮卡车，还有5万苏丹镑盖的新砖房。最让他自豪的是他的两个孩子上了大学，他感慨地对我说，从没有想到可以供两个孩子同时上大学。

与穆萨一家及邻居们在一起

　　这些年来，我们陆续援建了非洲20多个农业技术示范中心，苏丹的农业技术示范中心运行得很好，不但完成了对当地人技术培训的职能，而且把我们的棉花种子带了过去，帮助苏丹棉花产业发展到了300万亩，还办起棉花加工厂。这才是真正把中国技术、中国方案送给了非洲朋友。

　　水对于苏丹有着命脉般的意义。访问期间，我特意一大清早起来，去寻找河流。

　　苏丹首都喀土穆，位于青、白尼罗河的交汇处，两河汇流后一直向北流往埃及。因为上游水情以及流经地区的地质构造不同，两条河流一条青色，一条白色，汇合时泾渭分明，平行奔流。交汇处的形状好像大象鼻子，喀土穆在阿拉伯语里正是"象鼻子"的意思。

　　清晨的视野格外辽远，我站在河边极目远望，只见河面宽广，河水汤汤，一时间只觉得天地悠悠，时光浩荡。

河边虽然杂草丛生，看上去还很荒凉，但是我想，总有一天喀土穆会成为规模宏大的世界级城市的。地处在非洲连接欧洲两条大河的交汇处，喀土穆的地理位置决定了它具有无限的发展前景。

人类是逐水而栖的，无论是农耕民族还是游牧民族，都要有水才能生存。人要喝水，牲口也要喝水，古代的运输也主要靠水运，所以全世界大城市不在水边的极少。因此，要想掌握城市的分布、民族的形成乃至国家的建立，就必须了解河流；一旦了解了河流，就把握住人类生存发展规律性的东西。

每到一个地方，我都喜欢看河流。记得有一次，我去内蒙古海拉尔，利用午休时间往返两个小时专程跑了一趟，去寻找海拉尔河与伊敏河的交汇处。海拉尔河由东向西，经海拉尔向满洲里方向流去，在满洲里附近称为额尔古纳河，最后又折向东北方向，汇入黑龙江。伊敏河从南往北流，中央电视台曾播过一个介绍内蒙古风光的宣传片，镜头里有一条河在广阔的草原上九曲回转，那就是伊敏河。在去海拉尔的飞机快降落时，我就从空中看见了那条河，所以第二天就专门挤出时间去寻找它。

埃及古文明是尼罗河养育的文明，中华古文明以长江、黄河为母亲河流。现在的北京好像没有什么大的河流，但其实北京的永定河以前也常年有水，只不过是随着气候变化，北方降雨减少，再加上从永定河的上游桑干河开始，沿河修了不少水库，把水截住了。

如果一个重要的枢纽城市确实没有河流，还要专门建造运河。比如，隋炀帝修大运河这一事件，一些史书上的评价也要辩证地看待。隋炀帝虽昏庸无道，但修运河的本意还是为了把江浙鱼米之乡的稻米运到洛阳。自隋朝在洛阳建都，一直到宋朝都在修运河。当时的京杭运河从长江北上入黄河，又从黄河进洛河，最后流向洛阳。后来明清政治中心转移到北京，运河又继续往北一直修到了通州。

埃及：尼罗河畔一个几代传承的农场

埃及是非洲第三人口大国，也是世界上最大的粮食进口国之一。我从阿尔及利亚飞往埃及的飞机往下看，很长时间都只能看到茫茫沙漠，突然间一片绿洲进入视野，然后飞机很快就降落了。

埃及是四大文明古国之一。这个国度流传着凯撒大帝与埃及艳后等很多传奇故事，但是来了才发现，其实埃及没有多大地方，它的人口和生产活动都集中在一条狭长区域里。只有沿尼罗河两岸纵深数十公里的范围才有人烟、绿色植被，耕地面积仅占国土面积的不到4%，其他地方都是沙漠与半沙漠。

尼罗河灌区的肥沃农田养育了埃及文明

所以，埃及农业不得不走节水型、节地型道路。发展设施农业和利用尼罗河水灌溉，是埃及农业的两大特点。

我在埃及考察了一个蔬菜种植农场。农场很大，土地平整，设施齐全。农场主谢里夫告诉我，这个农场是他祖祖辈辈好几代传承下来的。

农场里有大片的葡萄园，葡萄底下都铺着滴灌管道，葡萄藤苗壮有力爬满架子，搭起一个个绿意森森的天然遮阳棚。虽没到盛夏，阳光已经炽热，站在葡萄架下吹吹风、聊聊天，看看紫嘟嘟的葡萄，再顺手拔拔草，农民的幸福就是这么简单吧。

在葡萄种植园里和谢里夫交谈

埃及气候炎热干燥，跟我国新疆也有点像。这样的气候特点很适合种植葡萄，新疆葡萄久负盛名，埃及葡萄品质也很好。2017年我们与埃及签订协议书，现在市场上也能见到来自埃及的葡萄了。

谢里夫又带我去看他的温室大棚，里面都建有大型的排风扇，方便通风。温室之间栽着成排的树，让我意外的是，这些树都很高，树龄很老，可见这些温室建得有多早。我们山东寿光的温室是20世纪80年代搞起来的，我感觉这个农场的温室大棚时间还要早一些。

不过，埃及温室要解决的问题和我们不一样。我们是为了保温；他们不存在保温问题，主要是为了遮光和滴灌。

谢里夫家庭农场的生产水平整体比较高，而且还有一个小型加工厂，蔬菜收获以后，农场还可以做一些分拣、清洗、包装之类的初加工。加工装箱的蔬菜，有的走空运，多数用集装箱装船，跨地中海运到意大利、西班牙去。

小型加工厂简单初加工后，蔬菜被销往意大利

意大利、西班牙农业资源条件更好，却要从热带沙漠气候的埃及进口蔬菜；就像以色列，一半以上国土是沙漠，按说供应本国还有困难，但是以色列的胡萝卜、土豆、洋葱等农产品也是大量往欧洲出口。可见，人类发展到今天，科技的力量在很多方面已经足以弥补资源上的不足了，沙漠地区反而能生产出质优价廉的蔬菜水果。当然，欧洲也有自己的难题，很多国家光照条件不足，反季节

供应蔬菜水果也是一种资源互补。这就是我们为什么要搞国际合作、要打通市场，因为这样有利于资源统筹。

　　回到开罗，离出发还有一点时间，我就到街上转了转，去看看当地人的生活，结果发现一个现象很奇怪，开罗居民住的房子很多是"半拉子"工程。当地人告诉我，一种可能是确实没钱了，另一种可能性是故意的。因为房子盖完后政府会征收房产保有税，所以人们就一直不把房子盖完，钢筋、水泥都裸露着，通过这样的方式来避税，其实走进家里发现里面装修得都挺好的。

以色列：基布兹大食堂的饭菜还不错

2014年6月，在以色列期间，我访问了哈兹里姆基布兹。基布兹是中文的音译法，英文单词是kibbutz，被称为"资本主义社会中的共产主义社会"。基布兹就像是一个谜，吸引着无数访问者。

基布兹既是集体生活，又不否认家庭，有点像中国的社区型集体经济，主要从事农业生产，现在也涉猎工业等。在基布兹，人人都不需要钱包，而是"各尽所能，各取所需"。基布兹的一切财产和生产资料为全体成员所共有，村民的房屋、汽车都是分配的，集体经济利润如何分配，也由大家一起商定。

基布兹成员的日常消费，包括吃饭、穿衣、看病、教育、旅游乃至听音乐会、看电影等全部免费，并由集体统一分配。在基布兹食品店、服装店，每个成员有一个属于自己的表格，需要什么只管拿，签个字就行。基布兹内部没有金钱往来，成员不领取任何报酬和工资。

基布兹成员家里一般没有厨房，大家都在集体食堂免费就餐。食堂里除专职炊事员外，全体成员都要轮流到食堂帮工。

那天中午，我们的午饭也是在基布兹大食堂里吃的。到了午饭时间，就看到基布兹成员陆陆续续从各个房子里走出来，聚集到食堂。大约有几百人的样子，中老年人居多，也有小孩子。食堂采用自助餐的方式，大家排队取餐，拿盘子盛好菜，一家人找个桌子围在一起用餐。

当地人给我们专门留了一张桌子，我们也去选了菜端过来吃。饭菜味道还不错，菜式也很丰富，各种蔬菜、水果都有。我们作为

在基布兹的大食堂，村民可以免费吃饭

外来人，是需要结账的，我仔细观察了一下他们，都是吃完饭就走，不需要结账，也不用签名。

当地人告诉我，目前以色列的基布兹有200多个，也面临着一些问题，就是从事的农业生产利润越来越少，于是一些基布兹转而发展工业，这是早期基布兹运动无法想象的。这一变化在基布兹内部曾引起一场"在工厂按电钮，还是用双手在土地上劳动"的大争论，但经济的压力迫使许多基布兹不得不把越来越多的社员安排到工业建设上，也有基布兹正在讨论是否引入工资的观念。

我们参观的哈兹里姆基布兹，就在1965年创办了灌溉企业耐特菲姆。如今耐特菲姆已成为全球领先的精准灌溉企业，聘用了职业经理人进行管理，哈兹里姆基布兹的所有成员就是耐特菲姆的股东。所以，基布兹成员在食堂吃饭，就相当于用集体经济收入给全村人发福利。我也去看过别的基布兹，基本上背后都有一个产业支撑，这样才有可能持续发展下去。

北非西亚农民

　　基布兹在以色列的地位不容忽视，拥有的耕地面积占全国的35%，农业产值占全国的40%。以色列全国50%的小麦、55.4%的牛肉和80.4%的棉花产自基布兹。

　　访问期间，我还考察了奶牛场。以色列的养殖技术十分先进，我国很多高端奶牛场都专门去学习。

　　我参观的这家奶牛场是开放式的，周围没有围挡，便于通风，为了促进空气流通还装有风扇。到了夏天，间隔一定时间就会开启电脑自控喷雾降温装置，给奶牛降温。奶牛场虽然外表看上去说不上多"豪华"，不过处处都体现着先进的技术和精细的管理。

以色列奶牛养殖技术十分先进

　　奶牛不耐热，在中国，主要在黄河以北地区养殖，长江以南就很少了；即使养了，也因为太热，产奶量也上不来。所以，内蒙古、黑龙江、河北三省区占了我国牛奶产量的一半以上，奶业20强企业（D20）也基本都分布在黄河以北。但是，以色列那么热，还照样养奶牛，而且一头奶牛可以产12吨牛奶，靠的就是科技的力量。

这次访问也让人不由感叹，以色列人真的是把资源用到了极致。

走在以色列的土地上，感觉到哪里都是"大漠空高尘不飞"的景象；但又到处都是绿植，无数绿洲就像绿宝石一样嵌在漫漫平沙中。就是这样一个土壤贫瘠、水资源极度匮乏的国家，农业却不但养活了本国人口，还能大量出口，被称为"欧洲的菜园和厨房"。

以色列农业部部长有一次来访，跟我谈到水的问题。我说，中国缺水，人均水资源只有世界的1/4，西北地区干旱，年降水只有200～300毫米。他说："按照以色列的标准，你们不缺水。"到了以色列之后我发现，他说的是对的，跟以色列相比，中国确实算不上缺水。

以色列的节水技术举世闻名

这样一个沙漠国家，打开农业强国之门的密码就是举世闻名的节水灌溉技术。例如压力灌溉方法，让单位面积土地的耗水量下降了50%～70%；又如滴灌技术，最高水利用率可达95%。此外，以色列还利用处理后的废水进行灌溉，每年约利用废水2.3亿立方米，而且这个数字还在不断增长。针对废水灌溉的现实需求，他们还开发了专用的滴灌头，它能控制水的流量，还能防止废水里的颗粒堵塞管道。

在访问期间，我也重点考察了以色列的节水灌溉技术。我来到一家荷荷巴种植园，看到荷荷巴树成行成列地生长着，滴灌管道也整整齐齐从树下穿过。天气很热，但树上叶子油绿，长得很好。

当地人告诉我，荷荷巴是一种高价值经济作物，种子中提取的荷荷巴油能够起到保湿、护肤等作用，现在每年的全球经济效益已达数百亿美元规模。荷荷巴树不怕炎热，很适合以色列的气候，果实品质比较好，树木需水问题通过滴灌得到解决以后，以色列在国际荷荷巴市场上已经占据了很大的份额。

以色列人常说，他们什么都没有，只能靠大脑。踏上这片土地才深深感受到，在那么贫瘠的地方开出绚丽的"沙漠之花"，以色列人坚韧不拔的信念和对科技永不懈怠的求索的确就是最大的缘由。

看完了荷荷巴，我又去参观了他们的实验站，在当地人的邀请下亲手植下了一棵橄榄树。植树的地方也有灌溉设施，滴灌管子直接铺到树底下，要不然树木难以成活。后来，那棵橄榄树长得很好，当地人还特意拍了照片，托人带给我看。

在无边的沙漠种下一棵棵橄榄树，寄托着人们对绿色的向往、对和平的期待，以及对安宁生活深切的渴望。

撒哈拉以南非洲农户

撒哈拉以南非洲是黑色人种的故乡，绝大部分地处世界上最大的沙漠撒哈拉沙漠以南，地形以高原为主，号称"高原大陆"。撒哈拉以南非洲是世界上最贫穷的区域，其中有31个国家被联合国列为最不发达国家。在这里，我深深体会到发展的重要性。

塞拉利昂：失地农民支起棚子当作自己的家

2010年上海世博会期间，我陪同塞拉利昂总统科罗马出席了塞拉利昂国家馆日活动。我们交流了很多，相处融洽，印象中他总喜欢穿着一身黄色的传统民族服饰。

2011年4月27日是塞拉利昂50周年独立纪念日，同时也是科罗马总统获得连任的庆祝典礼。受总统邀请，我作为国家主席特使来到塞拉利昂弗里敦，参加了极富民族特色的庆典活动。

那天很晒，现场搭设了凉棚，还在两侧观礼台中间，单独为科罗马总统搭了一个"宝座"。总统坐在前排中间，一侧观礼台坐着他的内阁成员，另一侧则是各个国家的政府首脑和特使。因为中国的重要地位，我和来自各国的总统、总理一起坐在了前排。

塞拉利昂还保留着酋长制。庆典中，各部落都盛装打扮，在酋长的带领下依次入场游行。这里的盛装，不是西方文明里的西装、燕尾服，而是他们本部落的特色服装。都是短衣短裤，缀满树叶、兽骨、石头等做成的饰品。入场时，先大喊一声自己部落的名称，然后一群人抬着酋长载歌载舞地入场，像花车游行一样盛大热闹，令人印象深刻。

塞拉利昂是世界上最不发达的国家之一，条件确实有限。中国使团在塞期间住的是一家北京企业投资的宾馆，宾馆也很小，但除此之外，当地连一家像样的招待所都没有。

不过塞方对中国十分友好。中国在当地援建了一家医院和一栋办公楼，科罗马总统亲自陪着我为医院剪彩。随后，我们还考察了当地的农村。

说是农村，其实就在首都边上。感觉塞拉利昂几乎没有一条像样的公路，出了首都就是乡下。路都是狭窄弯曲的沙土路，和我们50年前的乡村公路差不多。

我走进村里去访农户，看到的也是一样，房屋都很简陋凌乱；土地零碎，插花种着各种东西；农户家里别无长物，食物都不多，人们衣着简单。整体感觉就像我们改革开放前的贫困地区。

与塞拉利昂当地人交流

玉米是塞拉利昂的主要粮食作物之一，当地人把玉米磨碎做成主食，有点像中国的锅塌子，条件好的还能在上面搁点佐料。

他们住的房子就像我们过去大庆油田创业时干打垒式的房子，这是首都边上的农户，还属于比较好的。再往远处望去，漫山遍野散落着很多白色的棚子，走近一看，才知道都是全国各地失去土地的农民在这里搭建的"房子"。所谓房子，其实有些就用几块石棉瓦、几根木棍支起来，好在当地气候炎热，不需要御寒。

我在世界各地看过很多贫民窟，每一次都很受触动。农民不能失去土地，这是我们农村改革的底线。

后来，埃博拉疫情在西非的一些国家发生，其中就有塞拉利昂，那是我们访问之后的事情了。

农民带我到地里看玉米种植

　　坦率讲，塞拉利昂大面积发生疫病并不突然，因为他们的农村公共医疗服务十分短缺，看病的医生大都是国际援助者、志愿者。虽然中国等国家为塞拉利昂援建了医院，派去了志愿医疗队，但是大多建在首都等大城市附近，很难覆盖到全国。这个国家大多数人口，可以说连基本医疗服务都享受不到。

　　所以，一个国家一定要富起来、强起来；一个国家的人民一定要提高素质、摆脱贫困。看着塞拉利昂，再回过头来看我们中国的脱贫攻坚，更叫人感慨良多，脱贫攻坚的确是中国共产党的一大德政，中国在扶贫脱贫领域取得的成就和经验，为全球减贫事业贡献了中国智慧和中国方案。

埃塞俄比亚：农户在院子铺上莎草迎接客人

埃塞俄比亚是东部非洲的内陆高原国家，农业在国民经济中具有举足轻重的地位。农牧民占总人口85%以上，农业占GDP约40%。埃塞俄比亚是非洲开发比较早的地区，又是非洲地区大国，因此，非盟总部设在了埃塞俄比亚的首都亚的斯亚贝巴。

中国和埃塞俄比亚两国关系一直很友好，在农业上也有广泛的合作交流。中国援埃塞俄比亚农业职业教育项目从2001年开始启动，到现在已经快20年了。这些年里，中国持续派遣农业专家，还在当地建成了农业技术示范中心，为其农业发展提供了重要支撑。中国在埃塞俄比亚建立的完整的援外职业培训体系，已经成为中非农业合作的典范。

2013年，我在访问埃塞俄比亚期间，专门去我们援埃塞俄比亚的农业技术中心看了一下。从那里出来，随机走访了路边的一户人家。

这户人家主人叫格塔丘，有两个孩子，其中一个就在技术中心工作，另一个孩子学了电脑打字技术，在镇上上班。此外，家里还养了蜜蜂，开了一间茶室。

格塔丘的房子不大，三四十平方米的样子。只有两间屋子，一间是客厅，在那里起居吃饭；另一间是卧室，家里这么多人，不知怎么住得下。

因为孩子都上班，又借着房子在路边的便利条件开茶室，格塔丘家在当地算是条件比较好的，但是家里看上去也没有什么值钱的东西。客厅和我们过去农村一样，墙是拿报纸糊的。

格塔丘十分热情，那天，我们就坐在他家吃饭桌前聊了很久。格塔丘一直在向我们表示感谢，告诉我们，中国援建的技术中心改变了他家的生活，也改变了周边很多人的生活。

坐在格塔丘家报纸糊墙的客厅里

第二天，考察了一个农业项目之后，我又专程走访了一个村庄，来到农户吉扎家做客。得知有中国客人要去，吉扎提前在院里院外、房前屋后的地上铺了当地的一种莎草，据说这是他们迎接贵客的礼仪。

吉扎又煮了咖啡请我们喝。咖啡是埃塞俄比亚人的日常饮品，很多人习惯中午不吃饭，只喝一杯咖啡。埃塞俄比亚的咖啡年均产量42万吨左右，是非洲最大、世界第五大咖啡生产国，总产量占世界产量的4.2%，每年咖啡出口额约8亿美元。

后来，吉扎的很多邻居也赶了过来，我们聊得十分深入。他们告诉我，每家都有一点地，主要种植苔麸；有的还养了点牲口，规模也都很小。

苔麸又称埃塞俄比亚画眉草，是一种生活在埃塞俄比亚和厄立特里亚海拔3000多米高原上的作物，营养价值非常高。苔麸是埃塞俄比亚人和厄立特里亚人的主要食物英吉拉的原材料，但它的产量非常低，亩产只有小麦的15%，每150颗苔麸的重量才相当于一颗小麦粒。沿途我也专门下车看了这种植物，样子有点像小麦，也是头部结穗子，但是穗子很小，籽粒比芝麻还小，离远了看不像粮食更像草。据说曾经有科学家想尽一切办法提高苔麸的产量，但也以失败告终。

苔麸是当地人主要食物英吉拉的原材料

交谈中我也发现，埃塞俄比亚农民不像中国农民那么吃苦耐劳。也许因为天气炎热，他们大多只愿意干半天活，觉得工作半天赚的钱够用了，下午就不再干活了，即使多给钱也不愿意。

每个国家都有自己独特的民族秉性，也许是地理环境带来的，也许是气候条件养成的，也许是历史文化塑造的。这也导致了不同民族、不同国家人民对幸福感的理解是不一样的。对中国农民来说，幸福感也许来自于用勤劳的双手创造财富；而对埃塞俄比亚农民来说，闲散虽然是导致生活不宽裕的一个原因，但闲散本身也是幸福感的一部分吧。

村民们看上去很融洽，在我们聊天时，各家的孩子就趴在吉扎家的墙头小声说笑着，好奇地看着我们。在不大的院子里，我坐在长条凳上，脚下踩着莎草，一边品尝着咖啡，一边和吉扎还有他的邻居们聊天，享受着这片刻的闲散时光。

坐在铺着莎草的院子里与农户聊天

临走时，我还在吉扎家中看到了制作英吉拉的锅灶，锅是平的，灶底下用干牛粪作燃料。英吉拉就是一种薄饼，有点像我们的"锅塌子"，用苔麸磨粉摊成的，埃塞俄比亚人几乎每一餐都离不开它。英吉拉在埃塞俄比亚，比馒头在中国北方的地位还要高。

南非：农户仅房前屋后有地，只够种点菜

2013年我前往南非比勒陀利亚，出席了第三届金砖国家农业部长会议。

金砖国家英文名称是BRICS，是巴西（Brazil）、俄罗斯（Russia）、印度(India)、中国（China）、南非（South Africa）的英文首字母，与英语单词"砖"（Brick）的发音相似，所以这五个国家被称为"金砖国家"。

金砖国家都是地区大国，也都是农业大国。五个国家拥有世界35.6%的耕地，农业的稳定发展，对全球粮食安全有着举足轻重的作用。农业合作是金砖国家合作机制的重要组成部分，我们与这些国家都有密切的农业往来。我们与南非也在农业技术交流、人力资源培训、农产品贸易往来、农业学历教育等领域有着广泛的合作。

在那次金砖国家农业部长会议上，几个国家的农业部长就"气候变化对粮食安全的不利影响"这个主题进行了交流，我还发表了主旨演讲。

那次南非之行，最触动我、引发我长久思考的是农民和土地的关系问题。

开完会回去的路上，我照例想去看看农户。车子从公路下来，开了一段发现路边有个村子，我们就拐了进去。进去发现，到处都建得很凌乱，村庄建设没有规划，房子都很小、很简陋。当时快要下雨了，阴沉沉的天气里显得那些小房子更加低矮杂乱。这还是首都附近的村庄，可想而知其他地方的村庄建设。

我走到其中一间铁皮房子敲了敲门，女主人在家，热情地邀请

我们进屋。屋子不大，光线昏暗，陈设有点像我们20世纪80年代。

女主人很健谈，我问她家里有多少土地，她带我出去指给我看。转了一圈，发现她家就是房前屋后种了点菜，就像我们东北一户人家宅基地的大小，有个前后院子就算是有地了。我一边转一边想，这户人家就靠这点地的话，连温饱都解决不了。

女主人告诉我，周围农户也都是这样，土地就够种点菜自己吃。不过好在这是首都边上，空闲的时候还能到城里打点零工，贴补家用。

走进南非首都附近一个村子，女主人带我参观院子

虽然生活并不宽裕，但女主人非常真诚好客。我把从中国带去的丝巾送给她，她特别高兴，拿出一些吃的一定要让我带回去品尝一下。后来聊着聊着，走的时候我就忘了，女主人又特意追出来，把吃的东西送给我。

那天从村子里出来，刚坐上车就下起了瓢泼大雨，一时间只觉得黑云压城，暴雨如注。我的心情也很沉重，再一次坚定了农民一定要拥有土地的想法。同时，回去的路上也一直在思考，在社会快速发展变迁中，怎样才能把小农户引到现代化的轨道上来？

在金砖国家农业部长会议茶歇时间，我和南非农业部部长蒂娜·乔马特－彼得森、印度农业部部长帕瓦尔、巴西农业部部长安德拉德、俄罗斯农业部副部长舍斯塔科夫一直在聊土地问题。

除了俄罗斯，其他四个国家差不多，都是人多地少。南非、巴西、印度目前都深受困扰的是，土地高度集中在大农场主手中，大量小农户失去土地。他们都在考虑，通过什么样的方式，把农场主的土地分给小农户。

我说，我和你们想的不一样。我在想如何不让土地流失、不让农民变穷，同时又能把土地适度集中，实行规模经营。在中国，我们现在通过土地"三权分置"有效地解决了这个问题。

农民与土地的关系问题，对全世界的农业国家来说，都是一个根本性问题。中国的革命、建设和改革历程，也是始终围绕着农民与土地关系这条主线的。南非、巴西、印度都是土地私有制国家，大量农民失去土地，滋生了严重的社会问题，像印度孟买、巴西里约热内卢令人震惊的贫民窟。我在前面巴西的章节专门谈过这个问题。

鉴往知来，这些活生生的例子再一次告诉我们，家庭承包经营制是我国现阶段农村的一项基本经济制度，要毫不动摇地坚持下去。

我想，即使有少部分进城农民有意愿退出承包地，也要给予足够大的历史耐心，在足够长的历史过程中去考量。其中原因在于，农村人口多，农民举家进城是少数，多数是年轻人在城市打工，父母、孩子在农村生活。特别是当前经济下行压力大的情况，城市的就业环境也不那么宽松。农民进城就业，在他还没有站稳脚跟时，还要保留其承包地，使得他能够进退有据，所以对农民退出承包地的探索要格外审慎。

在访问南非期间，我还去参观了中国援建的农业技术示范中心。到目前为止，我国在非洲已经援建了20多个农业技术示范中心，在南非的是水产养殖技术中心。

技术中心在夏利普湖大坝附近，四周有点荒，距离布隆方丹200公里。但是中心规模很大，我们走到大坝往下看，大片大片的养殖水域就在坝底下。

目前，这个技术中心还在发展之中，目标是成为南部非洲发展共同体的淡水鱼养殖中心。

中国在南非援建了一个水产养殖技术中心

当然，因为我在南非访问的时间有限，所见所感可能不能代表南非的整体面貌。实际上，南非是非洲的第二大经济体，通讯、交通等基础设施比较发达。相比非洲其他国家，南非经济相对稳定，人们生活水平也比较高。

丝路农民

　　丝绸之路，这条在19世纪被德国地理学家李希霍芬命名的"人类历史上最伟大的道路"，从兴起、繁荣到没落，历经2000多年。在经过了多年沉寂之后，如今，中国倡导的"丝绸之路经济带"又将其唤醒。在丝路国家访问，最大的感受就是他们对中国的热情和友好，以及他们对"一带一路"倡议的欢迎。

塔吉克斯坦：赛义德送我一条他老伴亲手织的披肩

在塔吉克斯坦首都杜尚别郊区的一个村庄里，我受到农户们的热情接待，叫人至今难忘。一位名叫赛义德的老汉送给我一条披肩，我也至今还珍藏着。

赛义德老汉有点像我们新疆的库尔班大叔。我到他家的时候，他已经在一个类似我们东北的大炕上铺上崭新的毯子，连周围墙上也挂满了花纹精美、色彩缤纷的挂毯。"炕"中央摆了一圈葡萄、香梨等水果，水果中间堆满了烤馕，看上去琳琅满目、十分丰盛。

赛义德和老伴儿，还有不少特意赶来的邻居，以及塔吉克斯坦农业部部长一起，陪我聊着天，品尝着特色食物。我们谈得十分投缘，小院里笑声朗朗、欢声不断。

聊了一会儿，赛义德让老伴儿把礼物拿出来，原来是一条手工织的披肩。他说，这是听说中国尊贵的客人要来，老伴儿带着儿媳

和赛义德及邻居们一起聊天

妇特意赶织的。我接过披肩，仔细看上面精美繁复的花纹，一针一线透着深厚的情谊，心里有一种沉甸甸的感动。

这是丝路沿线国家特有的兄弟友谊，驼铃和马蹄声穿过千年的风雨沧桑，到今天依然摇荡着动人的乐章。

杜尚别是古丝绸之路上的重要一站。在波斯语中，杜尚别的意思是"星期一"，每逢周一，这座因丝路而繁华的城市便商旅蜂拥，闹市喧天。今天的塔吉克斯坦，自豪地称自己为"恰哈那（茶楼）"的故乡。

和平与包容、合作与共赢已经深深刻进丝路沿线国家的历史记忆之中，中塔两国人民秉持丝路精神，坚持世代友好。塔吉克斯坦独立后，中国成为第一批同塔吉克斯坦建立外交关系的国家。2013年中国提出"一带一路"倡议后，塔吉克斯坦积极响应，并推动塔吉克斯坦2030年前国家发展战略与"一带一路"深度对接。

赛义德摆出紫莹莹、绿汪汪的葡萄，饱满水灵、清甜可口，而这种中国老百姓也已习以为常的大众水果，就是2000年前张骞出使西域引入中国的……

在硕果累累的葡萄架下和村民交谈

同时，在今天的塔吉克斯坦，中方承建的数条公路已打通南北、横贯东西；杜尚别2号热电站使杜尚别于2017年实现了独立26年来首次"冬季不限电"……

赛义德和邻居们热烈地谈论着与中国的友好往来。他们告诉我，现在，中国已经成为塔吉克斯坦民众心中最友好的国家之一。特别是在"一带一路"倡议提出后，塔吉克斯坦青年对汉语学习的热情空前高涨，赴华留学生人数与日俱增。现在，走在街道上经常能听到中文"你好"的问候声。

农户们还带我去看他们果实累累的葡萄树和一望无际的棉田，这里的气候和我们新疆相似，家家户户都种葡萄、种棉花。村子里还有养蜂产业，蜂蜜品质非常好。另外，这还是一个旅游村，游客很多，像赛义德家，同时还搞搞旅游接待、卖点针织品等，也能获得一些收入。

村民带我去看他们种植的棉花

苏联时期，塔吉克斯坦是"经济互助委员会"成员之一。苏联高度计划经济，不同国家分别生产单一的农产品品种，乌兹别克斯坦供应棉花，乌克兰供应小麦，塔吉克斯坦主要供应棉花、葡萄、葡萄酒等。苏联解体后，这种内部分工被打破，他们也在积极寻找新的市场，希望能向中国扩大出口。中国市场广阔，消费力强劲，一方面我们也需要更多的优质农产品，另一方面能帮到与我们世代友好的好邻居，何乐而不为呢？

时间不知不觉地过去，大家都觉得依依不舍、意犹未尽，不知是谁提议拍张合影，于是，大家高兴地围过来，连村里的孩子们也都一起，挤挤挨挨地留下了一张珍贵的照片。

临走时，赛义德一定要把我尝过的当地特色很大的烤馕给我带上。这些礼物虽然算不上贵重，但是他们的深情厚谊让我永远珍视。

乌兹别克斯坦："白金之国"的棉花产业令人深思

乌兹别克斯坦位于中亚，是世界为数不多的内陆国家之一，它的棉花产量位居世界前列，因此有"白金之国"的美誉。

乌兹别克斯坦是"一带一路"的必经之地。他们也十分重视与中国的友好合作，2017年7月访问时，总理阿里波夫专程会见了我，提出希望与中方在棉花种植、水产及桑蚕养殖等领域加强合作。

后来，副总理兼农业部部长米尔扎耶夫陪同我前往塔什干州，考察了小麦和棉花产业，还走访了一些农户。

农户带我参观了棉田，给我介绍了他们的种植和管理，但是我发现，他们棉花大多是20年前的品种，不但单产低，而且不抗虫，皮棉单产45公斤左右，只有我们的1/3。我们国家20世纪末在转基因抗虫棉的品种技术上取得重大突破，成为继美国之后，世界上独

在地里和农民交流

立自主研制成功抗虫棉的第二个国家，目前我们的棉花不管是产量还是品质都要远远高于乌兹别克斯坦。

尽管这样，每年我们还是从乌兹别克斯坦进口一部分棉花，为什么呢？原因一个是便宜，二是出于长期的友谊。与塔吉克斯坦一样，乌兹别克斯坦也是苏联时期"经济互助委员会"成员，负责供应棉花。后来苏联一解散，关系都断了，这些国家的传统产业却来不及调整，怎么办呢？丝路沿线国家与中国有着悠悠千载的情谊，中国人秉持一贯的讲信修睦、和衷共济信念，成为他们新的买家，用实际行动支持这些国家的产业转型。

我还参观了乌兹别克斯坦的黄金干果公司。在交流中发现，他的水果品种也还停留在20多年前，还是传统品种。当然，虽然品相不好看，产量可能也不会太高，但味道很好，有过去水果的"老味道"。

种业是农业先进科技的载体、价值链的起点，也是一个国家农业科技发展水平的代表。近年来，我们下大力气推动民族种业做大做强，育种研发能力显著增强，目前自主选育品种播种面积占95%以上，有效地支撑起了国家粮食安全。

小小一粒种子不但满足了中国人"吃得饱"的需求，而且适应当前新变化，也在为人们吃得更好、更健康贡献科技的力量。人们怀念记忆中的老味道，育种家通过提纯复壮，重现了"天津沙窝萝卜""北京核桃纹白菜"的独特风味；人们想吃一碗晶莹飘香的白米饭，京西稻、小站稻、五常大米等口感优良的水稻品种走上了餐桌。

粮食是社稷之本，种业是粮食之基。一粒种子可以改变一个世界，这句话一点也不夸张。

伊朗：很多农民朋友赶过来和我交流

伊朗是古丝绸之路重镇，也是我们现在"一带一路"建设的重要国家之一。中国与伊朗的友好交流可以追溯到西汉时期，张骞出使西域曾经到过的"安息"，就是在古伊朗；金庸在《倚天屠龙记》里提到的"波斯"，也是伊朗的古称。

访问伊朗期间，我考察了他们的设施蔬菜、奶牛场，还走访了一些农户，感受到"一带一路"国家特有的友好与热情。

在农户马哈茂德家，他带我参观了家里的后院。院子不算太大，却林林总总种着很多经济作物，像我们常说的庭院经济。院子里的石榴树挂了很多石榴果，圆鼓鼓的十分喜人。石榴正是文明交流最好的见证，元代诗人凌云翰在《张骞出使图》里的诗句"天上白榆那可摘，归时只得带榴花"说的便是张骞将石榴从西域带到中原的过程。

马哈茂德后院种满了各种果树，还有象征友谊的石榴树

听说中国的农业部部长来做客，周边邻居纷纷来到马哈茂德家，热情地和我交流。他们主要从事种植、畜牧养殖，包括奶牛养殖，对中国的大市场也表现出强烈的兴趣，希望扩大向中国的出口。

在交谈中，他们问我对当地的印象。我说，你们的村很大、很漂亮，在中国，多数的村三五百户，过千户的不多，你们村有8000多户、45000人，确实是大村。

他们听了很高兴，还热情地邀请我与他们一起用晚餐。一晚上我们相谈甚欢，笑声不断，每个人脸上都洋溢着笑容。世界上所有的农民好像都有一样的特质，就是朴实、热情、好客，当然，丝路沿线国家的农民与我们又多了几分天然的亲近。

伊朗农耕资源丰富，全国可耕地面积超过5200万公顷，占其国土面积的30％以上，农民人均耕地5.1公顷。农业主产区集中在里海和波斯湾沿岸平原地带，大部分地区干旱缺水，所以这些年他们发展设施农业。

伊朗这些年大力发展设施农业

我在伊朗南部城市伊斯法罕所看的温室大棚，大致相当于我国10多年前的水平，科技含量不算太高，但很实用。可以这么说，温室大棚的建设为伊朗蔬菜及花卉产业发展作出了巨大贡献。当地人介绍说，2017年伊朗温室种植面积1.2万公顷，计划到2025年扩大到4.8万公顷。

伊斯法罕还是伊朗重要的乳制品产区，牛奶产量占全伊朗的1/8。在那里我调研了一家公司，名叫戈达什特至上种植及畜牧公司。它是伊朗奶企的先进代表，饲养奶牛6000头，其中在产奶牛2800头，每头牛日均产奶42公斤。

伊朗现代化的奶牛场

伊朗的畜牧业市场规模在中东国家排名前三位。全国有牧场9000万公顷，其中天然牧场面积4400万公顷，约占国土面积的27%。2016年牛奶产量751万吨，是亚洲第六大牛奶生产国。

伊朗自然资源丰富、基础设施良好、劳动力素质高，与我国农业合作潜力巨大。那次访问伊朗，我还与伊朗农业圣战部部长霍贾提共同签署了关于动物卫生及动物检疫、关于加强渔业合作的文件。

不过，那次访问我也留下一个遗憾，就是没有抽出时间去里海看一看。里海是世界上最大的湖泊，也是接壤国家最多的湖泊，与俄罗斯、哈萨克斯坦、土库曼斯曼、伊朗、阿塞拜疆五个国家接壤。其中，伊朗位于里海的南岸。

里海的生物资源十分丰富，大约有850种动物和500种植物，出产的鲟鱼更是闻名于世。说鲟鱼，可能有些人不太了解，说到鱼子酱却是赫赫有名了，里海就是世界上重要的鱼子酱产地。里海沿岸地区跨越多个气候带，农业各具特色。东岸属温带荒漠气候，有大片的图兰平原，其中沙漠约占一半。在阿姆河与锡尔河沿岸有系列狭窄的绿洲，是东岸难得的灌溉农业区。南岸和西岸分别是伊朗高原、大高加索山脉，海拔高、气温低，形成亚热带草原气候。伊朗境内最平坦的土地以及最重要的农业区就在里海沿岸，那里盛产小麦、柑橘。

土耳其：庭院里也能搞三产融合

土耳其是一个横跨欧亚两洲的国家，博斯普鲁斯海峡从中穿过，黑海、爱琴海、地中海环绕，东南部与叙利亚、伊拉克、伊朗等国家接壤，地理位置和地缘政治战略意义极为重要，是连接欧亚的十字路口。

土耳其有着十分辉煌的历史。1299年奥斯曼一世建立奥斯曼帝国，16～17世纪达到鼎盛时期，统治区域地跨欧洲、亚洲和非洲。土耳其继承了东罗马帝国文明和伊斯兰文明，就像一座联结欧亚的桥梁，让东西文明在此交汇。

土耳其最大的城市伊斯坦布尔，前身是东罗马帝国的首都君士坦丁堡，如今仍然是一座繁华的国际大都市。漫步在伊斯坦布尔街头，既能看到基督教的教堂，又能看到伊斯兰教的清真寺，处处都在提醒着这座城市的历史变迁和人类文明的融合交流。

土耳其也是一个农业大国。2015年5月，二十国集团（G20）农业部长会议在伊斯坦布尔召开，我率中方代表团参加了会议。会后访问了一个农旅融合的农户，给我留下了很深的印象。

农户主人名叫纳兹，他热情地带我参观了他的家和庄园。他家有一个很大的院子，院外还有土地，大概有两三公顷那么大。说是庄园，但不是南美那样的大农庄，其实有点像我们的庭院经济，不过比庭院要大。

纳兹家里主要是做乡村旅游的，为了满足游客的需要，院子里种的品种比较杂，葡萄、车厘子、石榴等各种水果色彩丰富、十分诱人。土耳其是世界植物资源最丰富的地区之一，也

与纳兹的家人在一起

是世界上主要的烟草、开心果、葡萄干和水果蔬菜的产地之一，水果品质非常好。纳兹家同时还有水果加工、餐饮接待等多种业态。

参观完庭院经济，纳兹请我们在餐饮区坐下。在那里，翠绿的爬藤类植物爬满架子，搭起了天然凉棚，阳光从植物叶隙间斑斑驳驳地洒下来。地面仍旧是泥土地，草也仍旧自顾自地生长着。就在这样充满野趣的地方摆几张桌子，铺上田园风格的碎花桌布，就变成了一个很好的乡村游休闲场所。我看了一下，游客还不少，零零散散分布在树林里，其中还有许多青少年学生。

那天，我们就坐在树下，一边品尝纳兹自家水果加工的小吃和特色食品，一边聊天。我和纳兹的儿子聊了很多，就是照片里这个男孩。他旁边坐着的是他的一个姐姐，另一个姐姐，已经在外面上大学了，周末才回来。

餐饮区布置简单却充满田园意趣

　　这家农户是典型的小规模自给自足、自得其乐的一二三产融合，通过融合，让单一的农业产业增值，让劳动力得到更合理、更充分的利用，也让一家人过上了富足有余的生活。

中南半岛农民

　　中南半岛包括越南、老挝、柬埔寨、缅甸、泰国、马来西亚等，是世界最重要的稻米产地，也是世界上天然橡胶、油棕、椰子等热带经济作物的最大产区。中南半岛各国的农业发展与我国既有共性，又有互补性，合作潜力巨大。由于天气炎热、雨量充足、光照充分，最适合水稻生长，一年可以种几季，因此中南半岛几个国家都很希望向我们出口大米以及橡胶、棕榈、热带水果等。

泰国：种橡胶、水稻和龙眼的农民

　　泰国是世界上重要的稻谷、天然橡胶生产国和出口国。农业在泰国国民经济中占有重要地位，泰国高度重视农业发展，每年有春耕节，举办春耕典礼。

　　2019年10月我对泰国进行了访问，来到了乌隆他尼府农民昆洞家。他的房子外观修饰得很漂亮，在周边房屋中显得很醒目。

　　昆洞家经济条件在邻居中也是相对较好的，院子里还停着一辆八九成新的摩托车。他告诉我，他的橡胶园就在路边，有100莱（1莱大约相当于2.4亩）左右，有的是祖上传下来的，也有近年来逐渐买入的。一般像公路边位置好的橡胶园每莱卖150万铢（1铢大约相当于人民币0.22元），位置不好的也要30万铢。

和昆洞一家在一起

昆洞是个有经济头脑的人，利用家在路边的便利条件，他还帮家具店代销。我们车子到达时，就看到路边放着一些藤椅、藤桌，还有一些成套家具。谁要路过看中了，就可以下来谈价钱。

不过，感觉东南亚农民像昆洞这样的也不多。也许因为天气太热，也许因为可食用天然植物多，很多农民没有那么强烈的紧迫感和进取心，他们节奏普遍比较慢，生活过得比较悠闲，他们的幸福感不是来自华屋美厦、金玉满堂，而是闲适自在的生活。各国在国民秉性、信仰、习惯等方面也存在着诸多差异，所以我们企业过去投资租地建厂，要充分了解和尊重这种国情、民情的差异性。

昆洞家的主要收入来源还是依靠种植橡胶，他带我去看他的橡胶园，我还在那里现场操刀割胶。

割胶是个技术活，深了浅了、薄了厚了都不行。割浅了、割薄了出胶少；割厚了浪费，割深了更是会伤害到树体，再长出来的树皮会有疙瘩，那个地方就不出胶了。割面角度也要合适，角度不

察看泰国橡胶树产胶情况

对，胶就会从旁流走，流不到胶碗里。甚至在哪个部位割、割面多长等都是经过规划的，比如割面有1/2围径、1/4围径等很多种。昆洞告诉我，他的橡胶园里专门请了6个工人割胶，按割胶量付工钱。

泰国是橡胶生产大国，近几年泰国政府对农民都有补贴，每莱橡胶补贴1500铢，每年每户农民最多补助10莱土地。泰国副总理兼商业部部长朱林在会见中也向我提出，希望向我们国家扩大橡胶的出口。

新中国成立之初，橡胶是极为匮乏的战略物资，在军事国防上应用广泛，制造汽车、坦克、军舰都离不开橡胶，橡胶生产曾经被确定为战略产业，最早在海南岛、西双版纳等地建成天然橡胶生产基地。到20世纪80年代初，在科技工作者的努力下，终于在北纬17度以北地区种植橡胶树成功，实现天然橡胶生产的一个重大突破。到1996年，我国天然胶产量已达到42万吨，成为世界第五大天然胶生产国。

近些年随着化工技术的进步，合成橡胶以低廉的价格在工业上应用日益广泛，不过，天然橡胶、天然乳胶制造的乳胶床垫等产品还是受到人们的追捧。

离开乌隆他尼府，我又访问了清迈府的圣坝塘县玉洼村，调研了当地的稻米合作社。当地人告诉我，清迈府有9个这样的合作社，共有社员500多人。当地每年种两季水稻，加起来每莱能产水稻半吨，烘干后大约有400公斤，烘干的稻谷由清迈府的一家公司统一收购。

我调研的这个合作社覆盖了周边15个村的85家农户，社员每年向合作社缴纳200铢的费用，作为合作社共有资金。社员可以以1%的利率从合作社贷款，最低贷款额5000铢，最高可达25000铢，最长还款期6个月。合作社还会给社员开展水稻种植技术方面的培训。

在那里，我走访了一个叫岜帕的农民。他当年67岁，一家人住在一栋二层小楼里，楼房建了有40年了。老两口和女儿女婿住在一起，这是当地的风俗，和中国不一样，国内农民大多是与儿子同住的。岜帕家种了5莱水稻，他告诉我，今年水稻价格好，每公斤能卖到15铢，每莱稻田能挣4000多铢。

岜帕田里种的是泰国香米，跟我说起种植技术来头头是道、充满热情。泰国香米是泰国的一种长粒型大米，是籼米的一种，软糯的口感和独特的香气被很多人所喜爱，是世界上最大宗的出口大米品种之一。我们每年也进口一定数量的泰国香米，很多大饭店做炒饭就要用这种米。

水稻在泰国是十分重要的一个产业，甚至影响着泰国政局。因为泰国水稻是典型出口导向型的，米价波动与农民收入息息相关。大米贸易合作也是我们与泰国的重要合作项目，所以这次访问我也对泰国水稻的品种技术、人工成本等做了详细地了解。

那天在岜帕家的水稻田里，我们顶着烈日聊了许久。我对他说，我年轻时也是农民，只是种的不是水稻，而是玉米和大豆，我对土地和粮食很有感情。泰国香米很受中国人民的喜爱，接下来中泰两国要进一步加强合作与交流。

在清迈府，当地人还专程请我去考察龙眼产业，我们开车去了一个龙眼种植专业村，在那里还和一些果农进行了座谈。

果农们非常热情，听说中国的农业部部长要来，专门收拾出一个凉棚，摆好桌子，上面放满了各种刚摘下的新鲜水果。我先去看了龙眼种植园，感觉他们的管理水平很高，种植园里土壤疏松，没有杂草，树也修剪得很整齐。

果农热情地跟我聊天，介绍他们的水果

　　回到凉棚，很多果农已经等在那里了。有几个年纪比较大的发言，一边说我一边问，算了一笔果农的投入产出账。他们告诉我，合作社是两年前成立的，现在有110户社员、500莱土地，主要种植龙眼，每莱地可以收获龙眼2000多公斤。这些年龙眼价格比较稳定，平常每公斤30铢，春节期间能涨到40铢。还说，当地土地每3年或5年要续租1次，每莱地年租金1000铢。到了龙眼收获季，请人摘龙眼，除了管一餐饭外，每人每天要付300铢左右。

　　热带水果也是泰国的特色产业，每年向我们出口龙眼、香蕉、榴莲、山竹等，这些水果其实我们岭南地区也有，从泰国进口一定程度上挤压了岭南的市场份额。不过，我们对东盟国家有特殊政策，泰国是我们的好邻居、好伙伴，我们也乐于分享我们的广阔市场。

缅甸：在村头小卖部买零食分给孩子们

2014年9月，我赴缅甸首都内比都参加第14届东盟与中日韩农林部长会议，会后考察了缅甸水稻种植情况，走访了村庄和农户。

快到的时候，我看到路边大片大片的水稻田管理得很不错，村庄就在稻田旁边。我们下了公路先来到稻田，两个农民正在田里干活，我走上去和他们聊了一会。

缅甸农民还处于靠天、靠人力吃饭的阶段，插秧也还是以人工插秧为主。听说我是中国农业部部长，他们一下子跟我亲近起来，拉着我的手由衷地对我表示感谢。一位叫吞钦的农户告诉我，自己种的杂交稻种子就是中国的，中国还给他们小额贷款，解决了生产中的大问题。

说起中国对缅甸农民的小额贷款，也是一段佳话。缅甸农业生产严重缺乏资金，无法支持农业发展。2012年缅甸政府多次提出希望中方提供小额农业贷款，帮助缅甸农民发展农业生产、脱贫致富，我国政府同意了缅方请求，项目由中国进出口银行实施。

据缅方统计，截至2017年底，小额农贷累计支持缅甸15个省、邦及地区近5000万英亩农田的农业生产，惠及合作社社员超过1500万人次；支持采购了包括拖拉机、收割机、农用卡车、农用摩托等在内的各类农机设备32万台。小额农贷在缅甸得到缅甸各级政府和当地民众的一致认可。

村民肯素当年60岁，祖祖辈辈以种水稻为生，在2012年前，全家一年收入只有200万缅币（约合1万人民币），尚不够一家人一年的生活开支。他在2012年加入村级合作社后可以申请贷款，但当时合作社资金有限，最多能贷出来的缅币折合人民币500元。他拿到贷款，买了种子就没钱买化肥，买了化肥就没钱买种子，根本无法满足需要。

2013年中国进出口银行发放无息小额农业贷款后，肯素按照要求申请贷款，经过几次贷款审核，现在可以一次性贷款50万缅币（折合人民币2500元），他用这笔贷款购买种子、化肥，租用大型农机，个人承包了28英亩（约合170亩）耕地，全部种植水稻，年收入已经实现翻番。

农民是最朴实的，你帮助了他，他会发自内心地感激你。虽然说不出什么感人的话，但他们眼神里的热情和信任，让我感触颇深。

缅甸与我国关系友好，往来频繁，边境地区的两国人民就像亲戚一样经常走动，我们也很乐于力所能及地对缅甸农民提供帮助。

在地里看完水稻，我又进村去看当地农民的生活。感觉村里的房子都比较简易，大多是木头搭建的，四面透风，大概是缅甸比较热，这样的房子利于散热吧。

从农民家出来，我又走进一家小卖部。我到农村去，常常喜欢看小卖部，小卖部是当地收入水平、消费水平最真实的代表。在我们国家也是，最早的时候小卖部就卖点油盐、土酒、烟卷；后来开始卖牙膏、手纸了，说明收入水平上来了，文明程度也提高了；再后来开始卖洗发水、沐浴露、化妆品，烟也有牌子了，说明收入又提高了一截，人们的需求也跟着不一样了。我去农民家里，经常喜欢看厨房，有冰箱的打开看看里面放着什么，从吃剩的东西、冰箱里的存货也可以真实地观察出农民的生活水平。

走进缅甸农村的小卖部

　　村里的小卖部不大，有点像我们北京兼卖杂物的报亭，里面的货物也零零散散、样数不多。当地农村比较封闭，看见外国人来了很多人围观，还有很多孩子一直跟着我们。我在小卖部买了一些糖果饼干，折合人民币一二十元就买了一大包，把它分给小孩子，他们欢天喜地地拿走了。

马来西亚：棕榈树就在路边随意生长

棕榈油是当今世界第一大植物油，主要产自东南亚国家。其中，印度尼西亚是世界第一大棕榈油生产国，约占世界总量的55.9%；马来西亚仅次于印度尼西亚，约占27.8%。

我国棕榈油消费量很大，2018年全国植物油消费中有17%来自棕榈油，但我国棕榈油产量却不多，90%以上依赖进口，每年进口五六百万吨，是世界第二大棕榈油进口国。

繁茂的棕榈树林

因此，在访问印度尼西亚、马来西亚的时候，我都抽时间去考察他们的棕榈产业。特别是在马来西亚，农民种棕榈树的方式给我留下了很深的印象。

马来西亚棕榈树种植面积超过500万公顷，占全国耕地的一半以上。除了规模化种植以外，棕榈树可以说遍布角角落落，就在路边、自家院子里随意长着。棕榈树全年开花结果，四季都有收成，几乎相当于没有成本。

我还看到了农民收获的场景。棕榈果在树上一大坨一大坨地结成串，农民拿着大弯刀爬到树上去砍，有的是拿锯子锯。一边砍一边"轰"的一声，一大坨就掉到地上，摔也摔不坏，最后农民再把地上的收集起来，拉到榨油厂就行了。他们还告诉我，先是有人要，他们才来砍棕榈果；没人要的时候，就这么扔在树上不用管护，棕榈果干了就会自己掉下去，再长新的。

砍下来的棕榈果摆放在马路边

棕榈油是我国三大食物植物油之一，但自己家里做饭用棕榈油的并不多，主要是应用在食品加工行业。棕榈油有一个很大的特点，就是不容易氧化，也就是不容易产生"哈喇味"，所以食品加工业特别是方便面行业，主要用油就是棕榈油。这些年我们大量农民工外出务工，旅行出差人数也大幅上升，方便面行业发展很快，对棕榈油的需求也逐年增长。

当然，棕榈油还有很多优点，容易被消化吸收，价格便宜等，而且棕榈油在肥皂、化妆品等工业领域的用途也比较广泛。

目前，我们国内有利用棕榈油加工食品及用品的企业上千家，分布在主要进口港的周边地区、长三角周边地区、珠三角周边地区，这是我国三大棕榈油产业聚集区。

我们国家三大植物油是大豆油、棕榈油和菜籽油，其中，大豆油、棕榈油主要依赖进口，而且这种格局短期内不会改变。原因前面讲美国大豆时也说过，我国耕地面积有限，首要目标是要确保关乎基本民生的口粮和谷物安全。像油料这类依赖土地资源的农产品，我们要发挥好两种资源、两个市场的作用。

就像棕榈，东南亚气候炎热，雨水丰沛，特别适宜棕榈树生长，街角路边随便种种就能成活，无论是土地成本还是管护成本都很低。我们国家也曾引种棕榈树于海南岛，后来台湾、云南、广西、福建、广东等地也有种植，但产量都不多。如果非要追求自给率，拿出珍贵的土地资源去种棕榈树，而且气候条件不适宜，管护成本也会随之上升，这样既不经济，也不现实。国际合作是大势所趋，在油料上我们自给率的目标是30%，在这个前提下，就是要利用好国际农业的互补性，弥补我们国内因资源不足而导致的农产品缺口。

当然，在棕榈油贸易上，更积极的一方是马来西亚，中国每年进口棕榈油五六百万吨，马来西亚对中国市场很依赖。

我访问的时候，马来西亚的农业部部长极力向我推荐棕榈油。就像美国和巴西争夺我国大豆进口第一大国一样，马来西亚也一再与印度尼西亚比较，希望我们提高从他们国家进口棕榈油的数量。

印度农户

　　印度位于南亚，是世界第二人口大国和农业大国，可耕地面积约1.6亿公顷，约占世界可耕地面积的1/10。印度仍然是一个以农业为主的发展中国家，农村人口占总人口的比例超过70%，单个农户经营规模小，小农经济占绝对优势。

印度：家家户户院子里都养着几头奶牛

我在印度访问期间，随机走访了北方邦的几户农家。

汽车离开公路驶入土路，开进了一个村庄。进村道路很窄，只够一辆车通过，车过处尘土飞扬。停好车，我们就近走进一条胡同。胡同两边的土墙年久失修，高矮不一，残缺不全，孩子们爬在墙头上嬉闹。

没走多远，看到一户院门开着，一位头发花白的老人正在跟两个孩子说话，大的八九岁、小的三四岁的样子。我们走过去打招呼，老人很热情地请我们进院子里坐。进去一看，院子不大，有3间土砖结合的屋子，墙角一处砌着一口土灶，墙面有些地方裸露着红砖。院子里还养着5头牛，就在露天饲养着，收拾得还算干净，但整体感觉还是简陋。

家家户户院子里都养着几头牛

老人非常热情好客，张罗着找来几个小凳子，拉着我们坐，又让小孙女为我们煮奶茶。推辞不过，我们就在他家里围坐成一圈，闻着奶香，跟老人聊起他的庄稼和奶牛。

　　边喝奶茶我边在想，跟印度人均牛奶消费量约60公斤比起来，我们国家只有一半左右。2014年联合国粮食及农业组织和经济合作与发展组织联合发布的农业展望报告称，印度将超过欧盟成为世界最大的奶制品生产地。其实出访印度前我就曾经思考过，印度是怎么生产出这么多牛奶的，难不成家家养奶牛吗？

　　来了发现还真是的。另外，印度成为世界上数一数二的奶类生产国，国家奶业发展委员会功不可没。1970年，印度开始实施奶业发展计划，取得了巨大的成功，创建了覆盖全国的奶业生产网络。

　　印度规模化奶牛养殖很少，大多数奶牛分布在农村的各个角落，分散掌握在数千万小农户手中。委员会通过实施"洪流计划"，在全国大面积推广奶业合作组织，运转方式是：奶农分散进行牛奶生产，村级合作社收取奶农的牛奶，区级牛奶联合会对牛奶进行集中处理，最后由邦的牛奶联盟负责牛奶和奶制品的销售，使一家一户的农户生产的鲜奶能够被收购汇集起来，汇聚成推动奶业发展的"洪流"。

　　这些年来，我们国家奶业发展也很快，2019年全国牛奶产量3201万吨，人均消费量30多公斤。虽然受饮食习惯影响，牛奶人均消费量离很多国家还有差距，但鲜奶已经成为老百姓餐桌上的常见品，林林总总的奶制品选择也很丰富。

　　看了首都新德里附近这个典型的印度农村，我也在思考养殖的规模问题。是不是一定要全部集约化、现代化养殖？是不是也可以像印度这样保留粗放型的家庭养殖模式？就像过去我们农村家家都养猪，一年养上一两头、两三头，到过年过节或者家有喜事时宰掉，主要是自己家吃，剩余的分给熟人朋友，或者拿到集市上卖掉。

现在，我们农民院子里已经很少见到猪圈了，养牛也是，像这样院子里拴着5头牛的养殖方式也已经不多见了。养殖逐渐走向规模化，养殖企业大都上百头、上千头的规模，甚至万头养殖场也不鲜见。我想，家庭养殖虽然也有有利的一面，但是最大的弊端是疫病防控和环保问题，这些问题解决不了，我们还是要提倡以集约化养殖为主。当然，还是要让农民能够参与畜牧养殖业。

辛格和邻居们热情地和我交谈，向我询问中国的情况

听说有中国客人来了，周围邻居也都友善地围过来，在院子里站得满满当当的。老人的儿子叫辛格，会计学硕士毕业，在城市里没有找到如意的工作，就返回家乡重新做了农民。我们离开他父亲家后，辛格又主动邀请我们去他家院子里看他养的小牛，十分热情。

听闻有中国客人来，邻居们都围拢过来

　　我们在辛格家聊了个把小时，准备上车离开时，村民们还意犹未尽，跟着我们来到车边，追着问我们这样那样的问题，比如中国人怎么养牛、怎么种田等。

　　他们也告诉我，他们出去打工的话，一天赚的钱折合人民币相当于30元。这个工资水平是我们国家农民工的几分之一，大约相当于我们20世纪末的水平。

　　现在的中国，一个月没有三千块钱的工资，工厂很难请到工人。在经济全球化的背景下，我国传统的劳动密集型产业，受到了东南亚国家低成本劳动力的挑战，发展竞争力受到直接影响。但是，工资提高对农民，对普通老百姓是好事，也是经济发展到这样一个阶段的应有之义，要解决产业发展前景问题，必须以创新为导向，引导产业转型升级，这才是正确的道路。

日韩农民

　　提起农民，很多人都会想到"面朝黄土背朝天"的传统农民形象。然而日本、韩国的农民，他们不仅住别墅、开轿车，甚至比城里人还有钱。日韩真正的平民不在农村，而是在城市，城里的蓝领工人没有乡下的农民生活滋润，因为农民有地有房，还有产业收入。虽然如此，但随着经济发展，日韩农业人口不断下降，农业老龄化问题日益显现，农业生产也出现了"接班人危机"。

韩国：越来越多城里人愿意回到农村

　　韩国农村大都建得整洁美丽，留守老人在那里也过得很幸福，并且得到了政府的充分照顾。

　　2019年5月7日，我走访了韩国忠清南道舒川郡长善村的老年人共同生活之家。这个生活之家是由韩国中央和地方政府全额资助建设的，除了空调、地暖、空气净化器等电器，还特别设计了方便老人使用的洗手间和带座位的淋浴间等，让老人们享受到了城市里常见的人性化便利设施。

　　在韩国，一方面，很多农村年轻人进入城市；另一方面，还有越来越多城里人愿意回到农村。他们在农村安家，从事农业生产，过着"开轩面场圃，把酒话桑麻"的田园生活。

在四季开满鲜花的院子里，与具春松夫妇交谈

在长善村我就遇到这样一家人，男主人名叫具春松，女主人叫郑兰玉。他们家的院子里各种各样的时令鲜花竞相绽放，到处花团锦簇、香气袭人。女主人每天花很长时间侍弄这些花，如数家珍地介绍说，院子里有50多种花，有些已经种植30多年了。出于热爱而去做的事，无论花多长时间一定乐此不疲，拥有一片土地，种下一片花，看生命在阳光雨露里自在地生长，这大概正是乡村独有的魅力吧。

具春松家有一子一女，儿子是军人，女儿已经出嫁，都不住在村子里。具春松之前是公司职员，退休以后就回到了农村的家。这个房子是父辈传下来的，有40多年历史，他们又在旁边买了一块地，扩建成现在的规模。平常除了养花，还种了10亩地，靠退休金和种地收入生活。

与欧美、澳新相比，韩国农户总体经营规模不大，为解决小农户与大市场对接问题，各类农民专业化合作组织不断发展壮大，并日益发挥重要作用。

高速公路服务区有农产品专营店帮助农民进行销售

5月7日上午乘车前往舒川郡途中，在唐津郡高速公路服务区，我看到一个农产品专营店，就进去参观了一下。这个专营店就是由一个合作社运营的，合作社负责联系周边的农场或农户，鼓励他们将优质特色的农副产品进行初加工，入驻专营店进行展示、销售，合作社抽取销售额度的10%作为服务区的入驻费。近年来，这种运营模式在韩国发展得很快，南来北往的人们从这里带一些土特产回家，既方便了城里人，也帮助了农民。

这个农产品专营店也给了我一些启发。我们也可以借鉴这种模式，政府出台相关扶持政策，把各地的特色农产品放到高速公路服务区里，扩大农产品销售途径，推介当地的品牌。如果农产品来自贫困地区，还可以免费入驻，这本身也是一种有效的扶贫方式。

2012年4月，我利用参加首届中日韩农业部长会议的间隙，实地走访了济州岛的柑橘种植农户。因为纬度及气候原因，济州岛是韩国唯一可以种植柑橘的地方，也是韩国主要的柑橘供应地。济州岛的橘子树不止限于橘子园，几乎每家每户都有种植。

济州岛家家户户都种橘子

日本：乡村的变与不变

日本我去过很多次，待的时间最长的一次是在20世纪80年代中期，我带队参加一个茶叶和蔬菜的研修班，在日本生活了3个月。不过，这么多年我一直没去过北海道。

北海道与日本的京都、奈良地区风格迥异，有点像我们中国北方和南方的差别，它和我老家东北在环境气候、乡土风情上都有很多相似之处，所以我一直想去北海道看看。正好2019年G20部长会在日本新潟召开，离北海道很近，我就去了北海道，考察了当地的农场和葡萄酒庄。

北海道西谷内农场是一位返乡者管理的农场，农场主叫西谷内智治，当年48岁。他高中毕业后，在当地一家五金构件厂做了10年焊接工，后来对智能农业装备十分感兴趣，转行做了农业。在父亲的农场经过7年磨炼，40岁的时候，正式继承了父亲的土地成为一名农场主。

西谷内智治带我去参观了农场。农场占地48公顷，实行水旱轮作，主要种水稻、小麦、大豆、小豆、青贮玉米、甜茶。农场的土地整得很平整，地下还铺设了先进的自动灌排系统。

他告诉我，这套灌排系统也得到了政府的补贴。从20世纪80年代开始，为便于大型农业机械化作业，日本政府在北海道地区开展了农田综合整治，将每个地块的面积从0.3公顷扩大到了1公顷。2010年，日本政府为了鼓励稻田的水旱轮作，开始进行补贴，西谷内农场就是利用这项政策，在水田铺设地下自动灌排系统。

葡萄酒文化如今也融入了日本

　　这次访问期间，我还参观了北海道余市町的一家葡萄酒庄。酒庄主人落希一朗夫妇是从日本南部九州岛迁移到北海道定居创业的，租了一些土地种葡萄并酿酒。

　　看到日本人酿制的葡萄酒，让人感慨。过去日本是不喝葡萄酒的，都喝清酒，日本人很以清酒为骄傲。当年我在日本研修的时候，住在当地人家里，晚上经常和房东坐在榻榻米上，吃坚果喝清酒聊天，房东一直说是日本人发明了清酒。熟了之后，我对他说，中国从东汉开始，诗人辛延年就写过"就我求清酒，丝绳提玉壶"，到了唐朝，李白也写过"金樽清酒斗十千"的诗句，到后来清酒才从中国传入日本。

　　不过，这么多年过去了，葡萄酒文化也融入了日本，酿造、饮用葡萄酒蔚然成风。中国人也一样，以前也不大喝葡萄酒。最早时吉林通化产葡萄酒，和茅台一起成为国宴专用酒。通化葡萄酒虽然有名，当时爱喝的人并不多，但到了今天，中国已经成为全世界葡萄酒消费大国之一。

这说明各国文明是交流互鉴的，真正的好东西有不可抗拒的影响力，慢慢会被越来越多的人接受，这是一种无法抵挡的趋势。

这些年我多次去日本，发现我们和日本有很多不一样的地方。比如果树大棚种植技术，我们都要让果树矮化，矮密的树才能进大棚。在日本包括韩国，我看到有的大棚不是全封闭的，只把树冠罩上，底下树干、根部裸露着，风可以从下面穿过，这样蜜蜂采蜜、授粉也不受影响。霜是从上面打下来的，从空中落下去，不会打在树头上、花上，也不会在遇到倒春寒的时候，花没授粉就打蔫儿。

比如农产品生产理念，日本农民发现一种水果好吃，一是认水果本身，二是认这块地、这个小气候、这个独特的生态环境，我们如果发现一种水果好吃，就想着怎么扩大规模，怎么产出更多，怎么种到天南海北去。有些传统南方水果现在也已在北方落地生根，比方说木瓜，现在山东都有种植。

再比如科研体系，中国最强的农业科研力量是在科研单位，成果也一般掌握在科研单位手里，西方国家常常是掌握在公司手里，而日本很多是掌握在农民手里的。

不过，最不一样的地方还是感觉我们国家发生了这么大的变化，但是日本农民好像都没怎么变。30多年前日本农民就搞大棚种植，就用上了农业机械，生产经营上就有农协和社会化组织提供服务，很多农民家里还拥有小轿车。当时去的时候，觉得我们国家农业农村跟他们比起来真是天壤之别，但是现在再去，感觉他们还和30年前差不多，而我们已经赶上来了，一些发达地区的农业农村一点也不逊色。

在北海道访问期间，我还专门考察了北海道生态实践村，这是一个以绿色发展、环境友好为使命的非盈利性民间组织，主要是组织一些城市居民、大学生包括外国人，到日本农村地区参与农业生产、体验农村生活。

实践村的理事长名叫坂本纯科，原来是生于东京长于东京的地道城里人，大学毕业后曾在政府工作过，2004年她决定辞职，远赴欧洲遍访各地生态村等组织，2009年回国后开始传授生态实践村理念。2012年，在北海道余市设立了这个组织。

北海道生态实践村一角

在陪同我参观时她说，现在很多来自城里的志愿者都想体验乡下生活，想住在乡下，自己在土地上劳动，吃自己种出来的天然食物。她认为逆城市化趋势不可避免，所以从生态、文明、文化等角度出发，开始做这个项目。

在参观中，实践村里的厕所引起了很多人的兴趣。厕所不是水冲式的，而是用木屑作基质，使用一段时间后，会有运垃圾的车来，把废弃物装进大袋子里运走，有点类似我们飞机上的厕所。我当时就想，不知道这种技术模式能不能复制推广到我们西北干旱缺水地区去。

坂本纯科告诉我，实践村现在有6公顷农田，在政府的支持下，修建了集生活、教学、实践于一体的体验中心，与周边20多个农户建立了"体验与支农"的互帮互助关系，每年接受120多人的长、短期实践体验。

实践村里也自己做葡萄酒，基本是作坊式手工制作。我去看了他们的生产线，酿好的酒灌装到瓶子里，就像我们的汽水瓶一样，将铁盖往上一压就封口了。卖的价格还挺高，五六千日元，相当于人民币三四百元一瓶。一路上坂本纯科给我介绍了很多，为了表示支持我也买了两瓶酒。

我一边参观一边想起曾经在网上看过的另一件事：两个暨南大学的志愿者到广东省清远市的一个村里，找了一间闲置的房子，就住在了那里。村里挺苦的，农民也不了解他们，他们就去农民家里，问我们能帮着你做点什么。最开始农民不搭理他们，他们就走街串户地聊天，慢慢和大家都熟了。后来他们把村里妇女组织起来种菜，还做一些手工编织，再把菜和手工作品卖到广州去。时间长了，又开始慢慢尝试一些别的工作，办妇女班、在村里推广民主议事等，有点像20世纪著名平民教育家晏阳初做的事，很不简单，挺有意思。

不过，对逆城市化这个问题我们还是要谨慎，宅基地不能随意就卖给城里人去盖房子。虽然宅基地买卖可以让农民很快变现，看上去能增加财产性收入。殊不知，农民哪能算得过城里人，一栋房子当时给10万块钱就觉得不少了，马上就卖了，没想到过两年城里人一转手变成100万了。10万块钱把栖身之地搞没了，万一以后没地方住怎么办？这个口子一旦放开就很容易走歪，很容易变成城里人的会所别墅。土地资源是农民手里最后一张牌、最后一次机会，不能稀里糊涂地就这么没了。

当然，也不能否认城里人到乡村去是大势所趋。记得20世纪80年代我刚到北京工作的时候，曾听过外交部钱其琛同志作报告。他说，发达国家是有钱人吃菜，没钱人吃肉；有钱人坐大车，没钱人坐小车；有钱人住乡下，没钱人住城里。还说，发达国家最便宜的肉类是鸡肉，最贵的是牛肉。

那时候，我刚从县里到北京工作，对国外的事情知之甚少。我们东北都讲究"宁吃飞禽一两，不吃走兽一斤""姑爷进门，小鸡没魂"，新女婿这样的重要客人上门才能杀鸡吃的，怎么可能鸡肉最便宜？当时我心想，这是什么国家，世界上怎么还有这样的国家，不理解。现在再看，我们不也是这样了吗？所以，有些社会发展的一般规律是不能违背的，只不过是国情不同，方式、进程不同罢了，但是大的趋势和规律是必然的。

另外，我也在思考一个问题：凡事都要通盘考虑，在解决一个问题的同时，不能带来新的甚至是更大的问题。

比如说农业现代化与农村现代化的关系问题，党的十九大提出农业农村现代化，就是"三农"问题要一起解决的思路。农业农村农民问题，经济政治社会问题，决不能顾此失彼。要防止一个倾向，就是农业现代化了，农民却被边缘化了；或者说解决了农业问题，却恶化了农民问题。

如果农民都进了城，城镇化跟上了，土地大规模流转没问题；但如果农民没有进城，或进了城却没有扎下根，土地却都被流转、被大户或者企业种了，那农民干啥去？农民是不能闲着的，他们种种地，听听蛙鸣，到田头拔拔草，这是他们的生活方式，会让他们觉得充实，光闲着会出问题。日本就有这方面的法律，禁止城里人和工商资本到农村去租用农民的土地。近年来虽然放开了，但也对数量和规模有严格的限制，这也是出于同样的考虑。

所以，解决农业问题和农村问题、农民问题要统筹考虑，系统推进。一方面，农业的现代化离不开规模经营，离不开大机械和现代技术、品种、信息；另一方面，在引入城市资本、工业理念的同时，要确保农民利益，防止出现大生产排挤小农户的现象。

再比如，农业农村现代化与城市的关系，这里面要防止两种极端观点：一种观点认为，城市化就能解决所有农村问题。农民只要进了城，享受现代化生活，"三农"问题都解决了。这种观点有点脱离实际，也不大符合中国国情。按照中国的人口基数，现在我们的城市化率是60%，即便是未来城市化率达到75%，还有近4亿人要守在农村。对我们这样一个14亿人口的大国来说，让农民都进城是不现实的。另一种观点是惧怕城市染指农村。这也不行，城市毕竟是走在前面的现代文明，农村的改造如果没有城市资本、文化、人才、信息的带动，也是无法实现的。所以，我们既不能走用城市化代替农业农村现代化的路子，也不能走城乡隔离的路子。

同时，农村自身的现代化改造也要防止两种现象：一是防止把农村变成城市的缩小版。到时候，现代化虽然实现了，但农村已经不是农村了。比如说，农民都上楼了，全村都住塔楼，搞成所谓社区，到处都是钢筋水泥，邻里之间互不相识。要吃根葱都得乘电梯下楼，再骑上摩托车到集市上去买，那还叫什么农村？二是防止工商资本下乡"占有"农村资源，剥夺农民的发展机会。这个前面已经说过了，土地资源是农民最大的发展机会，也是最后的发展机会。城里人来搞开发，不能给农民仨瓜俩枣就把资源全拿走了，美其名曰让农民来打工，但打工机会是有限的。所以，我一直主张农民要以入股的方式与工商资本合作，要让资源变资产，农民变股东，合作开发，共同富裕。

后　记

这本书写到最后，我想再说说农民。

走过那么多地方，看过那么多独具特色、风格迥异的农业形态和人文风俗，我感觉，全世界的农民都有相似的特点，这大概是因为他们同样身处乡野田园、浸润农牧文明的缘故吧。正因为劳动几乎是获取食物和财富的唯一途径，所以他们崇尚勤勉，应时取则；因为农牧耕作更多的是需要合作而不是竞争，所以他们质朴淳厚、守望相助；因为在广阔而慷慨的大自然中劳作与收获，所以他们热情友善、知足感恩。

今天的世界已经进入了一个科技高度发达的时代，相比较而言，农业的生产方式与几千年前似乎没有什么颠覆性变化。在人类经济社会发展史上，农业所占的比重也降到前所未有的低水平，但是即便如此，大多数国家仍然十分重视农业和农民，特别是大国。

比如美国，这样一个现代化大国，仍然十分重视农民诉求，也仍然将农产品生产和贸易置于国家战略层面考量。在中国，农业肩负着为全国人民搞饭、为农村人搞钱、为城里人搞绿的使命。至今，农民仍然用他们的勤劳、用农村的土地在支撑着国家的工业化、城镇化发展。

在抗击新冠肺炎疫情期间，农业的"压舱石"作用更为凸显。抗疫最为吃劲的时候，一个武汉市就有上千万人口居家隔离。这么多人、这么多张嘴吃什么？食品能否供应到位？这是个容不得半点闪失的问题。"菜篮子"不稳，就会影响人们的正常生活，影响人们的情绪，进而影响人们抗击疫情的信心与决心；而万一"米袋子"不牢，那更是要出大问题的。毕竟，菜吃不上可以忍忍，到了饭也吃不上的那一天，再严重的疫情也拦不住人们要出去找食物了。

所以我们看到，全球疫情蔓延之初，一些国家首先想到的是禁止粮食出口，增加粮食储备，就是为了防止在吃饭这样的基本民生问题上出纰漏而引发社会动荡。这样的时候让人切身体会到，一个国家的粮食安全靠谁都靠不住，只有靠自己，说到底，还要靠农民。

我这么多年看了这么多国家的农业和农民，一个最大感受就是我们国家变化之大、发展之快。我们的农业，较之改革开放前，甚至较之21世纪初早已不可同日而语了。在这个过程中，我们也遇到了一些普遍性的规律，比如伴随着工业化、城镇化的步伐加快，中国农民也在大量减少。那么，中国农民会少到像有些国家那样只占全国人口的3%吗？我想不会。每个国家都有自己独特的国情，中国有14亿人口，现在还在增加，即使未来中国城镇化率达到70%，也还有4亿多人要留在农村。其实，美国等国家从事农业的人口也不止3%，那仅仅是直接从事农场生产的人，在他们背后还有很多人在为他们提供生产资料服务、加工销售服务等，美国从事农业及关联产业的就业份额近15%。

中国即使留在农村只有4亿人，他们的生产生活肯定和国外、和城市都会是不一样的。可能会有一部分人成为美欧那样的农场主，他们有稳定丰厚的收入，"农民"这个词回归为职业称谓，成为一个令人羡慕的职业。可能还有一部分人，会像我在韩国遇到的那对种花夫妇一样，把乡村生活当作理想的生活方式，从城市溯流到农村。李鸿章晚年曾在堂前刻下一副对联，上联"享清福不在为官，只要囊有钱，仓有粟，腹有诗书，便是山中宰相"，说的就是这样一种心态吧！也一定还有一部分老人，不愿进城去给子女添麻烦，就像冰岛那对留守老人一样，守在土地上劳作不辍，不但养活自己，还能给子女提供自家产的牛奶、提供孩子们的游乐场，尽最大力量再帮子女一把。这是现代化的必然进程，也是一个长期的历史过程。我国农民也已进入小康社会，下一步将进入乡村全面振兴。我们应当给农民以引导和帮助，努力加快这个进程，同时，也要尊重农民的选择，保持历史耐心。

我生在农民家庭，长在农民中间；我了解农民，也牵挂他们。工作以后，曾经有几次离开农口，但大半辈子，干的最多的还是和农民打交道。现在回想起来，很庆幸中央让我管农业、干农业，农业农村工作有乐趣，有意义，干久了也会有感情，想想还是无怨无悔的。

习近平总书记曾经说过，任何时候都不能忽视农业、忘记农民、淡漠农村。我写这本书的目的，也是源于这样一种初心吧！2018年，改革开放四十年之际，我曾写过一篇短文发表在《人民日报》上，题为《感谢农民》，想想也是同样的心情。故我把这篇文章附在后面，作为后记的补充。时光流逝，心意依然，农民伟大。

借此，我也感谢吴昌学、江娜、刘均勇、刘瑞明等同志帮我整理书稿；感谢广德福、隋鹏飞、陈邦勋等同志为这本书提供了宝贵意见。

2020年，对于中国来说是个特殊的年份，脱贫攻坚、全面小康的历史征程即将完成，中国农民将彻底告别贫困、走进小康。春节就要到了，祝福乡亲们日子越过越红火！

韩长赋

2021年元旦

附

感谢农民
——四十年我们一起走过

今年是改革开放40周年。40年来，我国社会发生了翻天覆地的变化，神州大地焕然一新。这一切，都是在党的正确领导下，全国人民共同奋斗的结果。这之中，亿万农民的贡献有目共睹，饮水思源，我们得感谢农民。

我们感谢农民，是因为农民开启了中国改革。1978年一个冬夜，小岗村18名农民搞起了"大包干"，开启了农村改革的进程。如今，改革已成为全社会共识，但我们不能忘了改革是农民启动的。邓小平同志曾经说过，中国的改革是从农村开始的。农村改革进而又启发了城市改革，带动了整个国家的改革。"包字进城"为当时城市改革、国企改革所吸取借鉴；农民的首创精神，鼓舞影响了各行各业乃至整个改革事业。

我们感谢农民，是因为农民端稳了中国饭碗。民以食为天。吃饭问题始终是国家的头等大事。实行"大包干"后，农民群众生产积极性空前高涨，粮食生产连续丰收。21世纪以来，我国粮食生产十几连增，党的十八大以来粮食产量连续6年稳定在1.2万亿斤以上。如今，我们端稳了中国饭碗，在国际上有了底气和实力，发展也有了更大的战略主动和回旋空间。正如习近平总书记在庆祝改革开放40周年大会上所指出的："忍饥挨饿、缺吃少穿、生活困顿这些几千年来困扰我国人民的问题总体上一去不复返了！"

我们感谢农民，是因为农民支撑了中国工业化城镇化。40年来，工业化城镇化迅猛发展，离不开农民的巨大贡献。高楼大厦大多是农民工建设的。城里的大广场、大马路，还有高速公路、地铁、桥梁，也都包含着农民和土地的支持与奉献。农民创造了一度被誉为"半壁江山"的乡镇企业，如今，脱胎于乡镇企业的民营经济，是国家发展不可或缺的重要力量。农民还贡献了大部分人口红利，用辛劳和汗水支撑了中国制造、中国奇迹。

我们感谢农民，是因为农民养护了中国生态。随着生态文明的理念越来越深入人心，农民肩负的使命也更多。他们在为全国人民"搞饭"、为城市发展"搞活"的同时，还在为城乡大地"搞绿"。中国农耕文明"天人合一"的思想理念、"精耕细作"的农艺模式、"绿色发展"的追求坚守，其源头都来自农民的生产生活。如今，农民仍在守护和传承中华民族的文明之根，用乡愁情感抚慰人们的"心"，以稻田林地涵养人们的"肺"，产绿色食品滋补人们的"胃"。

习近平总书记指出，"任何时候都不能忽视农业、忘记农民、淡漠农村"。正确处理农民问题，是我们党的一条重要成功经验。40年来，从支持农民"大包干"，到彻底取消农业税，从脱贫攻坚，到乡村振兴，依靠农民，造福农民，始终是我们党不变的初心。感谢农民的奉献，肯定农民的价值，不仅承农民的情、记农民的好，还要谋农民的福。面对仍然存在的农民弱势、农业短腿、农村落后的状况，面对发展中的"不平衡""不充分"，我们要带着感情、带着责任、带着义务，尊重农民、帮助农民、支持农民，让亿万农民与全国人民同步进入小康社会，平等参与现代化进程、共同分享现代化成果。

感谢农民！祝福农民！

韩长赋

发表于 2018 年 12 月 29 日《人民日报》

图书在版编目（CIP）数据

我到访过的外国农家/韩长赋著.—北京：中国
农业出版社，2021.5
ISBN 978-7-109-27904-9

Ⅰ.①我… Ⅱ.①韩… Ⅲ.①农业-国外 Ⅳ.
①F31

中国版本图书馆CIP数据核字（2021）第014582号

我到访过的外国农家
WO DAOFANGGUO DE WAIGUO NONGJIA

中国农业出版社出版
地址：北京市朝阳区麦子店街18号楼
邮编：100125
责任编辑：颜景辰 杨 春 刘晓婧
版式设计：王 晨 责任校对：吴丽婷 责任印制：王 宏
印刷：北京中科印刷有限公司
版次：2021年5月第1版
印次：2021年5月北京第1次印刷
发行：新华书店北京发行所
开本：700mm×1000mm 1/16
印张：15.75
字数：180千字
定价：88.00元